Inhaltsverzeichnis

Das Buch

Im März in den 80er Jahren des vorigen Jahrhunderts.

Die Studentin Britta Sanders ist verschwunden. Niemand weiß, warum sie von ihrer Fortbildung nicht zurückgekehrt ist. Allzu große Sorgen macht man sich in ihrer Wohngemeinschaft im Haus am Ende der Bäckergasse zunächst jedoch nicht, weil sie kurz zuvor noch angerufen und gesagt hat, dass sie etwas später käme. Ganz anders jedoch die junge Anwältin Patricia Garden, die Britta Sanders in der folgenden Woche bei einem Gerichtstermin vertreten soll und dazu die Studentin vorher noch dringend sprechen muss. Sie macht sich Sorgen, zumal sie die junge Frau als seelisch ziemlich labil erlebt hat. In ihrer Not bittet sie sogar einen Freund, den Lehrer Michael Wiemer, sie bei der Suche zu unterstützen. Die Lage spitzt sich zu, als Brittas Psychotherapeut Ingo von Wiese ermordet aufgefunden wird – mit einem Messer erstochen, wie die Studentin es immer mitführte, wenn sie nach Hause zurückgetrampt ist.

Unerwartet erhält die Anwältin Unterstützung von einem Obdachlosen, den die WG bei sich aufgenommen hat, nachdem er in einer Kneipe herumgefragt hatte, ob er irgendwo übernachten könne. Der Obdachlose, der sich Graubart nennt, macht sich aus einem unguten Bauchgefühl heraus ebenfalls große Sorgen um das Verschwinden der jungen Frau. Die bleibt jedoch unauffindbar, bis etwas Schreckliches geschieht...

Mit *Das Haus am Ende der Bäckergasse* präsentiert Alfons Winkelmann – Autor u. a. von *Nebel über Nazareth* und *Die Töchter der Großen Mutter* – seinen neuesten Kriminal-Roman!

DAS HAUS AM ENDE DER BÄCKERGASSE

Für A. O. und J. M.,
die mir wichtiges Material für den Roman
zur Verfügung gestellt haben.

1.

Es war schon fast dunkel, das Wetter nicht gerade frühlingshaft warm, als die Blondine mit dem arg kurzen roten Rock und dem nicht sehr dicken beigefarbenen Mantel über den Bürgersteig stöckelte. Die spitzen Absätze der High Heels knallten laut auf dem Pflaster. Nicht nur ein Passant drehte sich nach ihr um, wenn sie an ihm vorübergegangen war, und grinste still und heimlich in sich hinein.

Zwei jüngere Männer, die vielleicht noch etwas Blut im Alkohol haben mochten, riefen ihr zu: »Hee, du, der Tuchmacherweg ist aber ganz woanders!« Sie hörte sie nicht, auch nicht das nachfolgende grölende Lachen, und ob sie wusste, dass der Tuchmacherweg der trostlose ›Strich‹ Sächelens war, konnte man durchaus bezweifeln. Die Blondine hatte anderes im Sinn.

Heute Abend wollte sie sich endlich einmal aussprechen. Aussprechen mit *ihm, ihrem Ingo,* wollte sich ihm offenbaren. Sie ahnte schon seit Langem, dass er mehr für sie empfand, wusste jedoch auch, dass er sich wegen seines Berufes natürlich sehr zurückhalten musste. Sie lächelte ein wenig. *Manchmal muss man die Männer halt zu ihrem Glück zwingen,* dachte sie. Sie wollte schon dafür sorgen, dass alles ordnungsgemäß ablief, er ohne Sorge sein konnte. *So dumm war sie ja nun auch wieder nicht.*

Sie war ihrer Freundin Ingrid unendlich dankbar, dankbar wegen zweier Dinge: Sie dazu gebracht zu haben, den

Werner rauszuwerfen, als der plötzlich Besitzansprüche anmeldete, und ihr die Adresse von Ingo vermittelt zu haben, um diese Beziehung und deren Ende auch psychisch aufzuarbeiten.

Inzwischen hatte sie ihrer Kollegin Traudel in der Boutique, wo sie als Verkäuferin arbeitete, schon derart häufig von Ingo vorgeschwärmt, dass die es bald nicht mehr hatte hören können. Zunächst hatte sie sich gescheut, zu einem Therapeuten zu gehen, aber nachdem ihr Ingrid längere Zeit zugeredet und dabei erwähnt hatte, dass auch sie schon sehr gute Erfahrungen mit ihm gemacht hatte, hatte sie sich überreden lassen.

Und jetzt war sie geradezu süchtig nach ihm. Wenn die abendliche Stunde zweimal die Woche bei ihm nahte, war sie im Geschäft manchmal kaum noch zu gebrauchen. Dann stand sie hinter der Kasse, träumte vor sich hin und nahm gar nicht mehr wahr, wie Traudel sie spöttisch betrachtete.

Ein lautes Hupen riss sie aus ihren Gedanken. Sie hatte die Straße überquert, ohne auf den Verkehr zu achten. Der Autofahrer lehnte sich aus dem Seitenfenster und rief ihr etwas zu, das sich vielleicht nicht wesentlich von dem unterscheiden mochte, was ihr vor Kurzem die beiden Betrunkenen zugerufen hatten. Aber das war ihr gleichgültig.

Er sah ja auch so gut aus, mit seinen hellbraunen Haaren, ihr Ingo. Und die tiefe, volltönende Stimme! Und die blauen Augen! Fast so wie dieser... Wie hieß er doch gleich?... in diesem Film... Mein Gott, was für ein Mann! Wenn er sie mit seinen blauen Augen ansah, überlief es sie heiß und kalt. Und wie verständnisvoll er war, wenn sie von Werner erzählte! Eben so ganz anders als Werner. *Er hörte ihr zu!* Nein, es *musste* einfach so sein: Er war an ihr interessiert, vielleicht sogar – sie wurde rot und war froh, dass man das jetzt im Dunkeln nicht sehen konnte – wirklich in sie verliebt. Und das war ihr großer Kummer. Sie hatte mehrmals während der Sitzungen Andeutungen gemacht, aber er war stets ausgewichen. Erst in letzter Zeit schien er ihr unsicherer geworden zu sein. Hatte nicht mehr gleich das Gespräch zurück auf Werner gebracht.

Sie blieb einen Augenblick lang stehen und sah sich um. So sehr hatte sie geträumt, dass sie nicht mehr genau wusste, wo sie sich im Augenblick befand. Ja, dort drüben das *Neue Rathaus*, natürlich, weit entfernt von seiner Praxis war sie nicht mehr. Sie ging zielstrebig auf ein Haus zu, eher schon eine Villa, vermutlich aus dem späten neunzehnten Jahrhundert.

Nicht aus dem späten neunzehnten Jahrhundert stammten die Doppelverglasung und der helle Anstrich. Auch nicht der silbergraue Mercedes, *sein* Auto, in der Einfahrt neben der Villa, im Übrigen nicht gerade das billigste Modell. Passend zum Gebäude, das schon längst keine gewöhnlichen Sterblichen mehr beherbergte, sondern Menschen, die nicht gerade zu den Armen im Lande zählten. Eines der Fenster im Erdgeschoss der Villa war hell erleuchtet, und die Blondine ging leise, soweit das ihre Schuhe zuließen, dorthin, stellte sich auf die Zehenspitzen und versuchte, einen Blick in den Raum zu werfen. Ob er jetzt noch eine Patientin hatte? Sie glaubte zu wissen, dass er in der Hauptsache Frauen als Patienten hatte. Wann immer sie Zeit gehabt hatte, hatte sie *seine* Praxis beobachtet. Aber noch nie hatte sie sich getraut, von außen in sein Sprechzimmer zu sehen. Zu ihrem großen Kummer wusste sie

9

noch immer nicht, wo er privat wohnte. Er hatte im Telefonbuch lediglich seine Praxisadresse angegeben. Sie hielt ihre Handtasche fest unter den linken Arm geklemmt, während sie sich Mühe gab, in das Zimmer zu spähen.

Aber noch ehe die Blondine richtig etwas hätte sehen können, vernahm sie vom Eingang, der sich links von ihr befand, laute Stimmen. Die schrille Stimme einer Frau, dazwischen eine dunkle Männerstimme. *Seine* Stimme. Unwillkürlich duckte sie sich und schlich, dicht an die Hausmauer gedrückt, vorsichtig hinüber. Die kreischende Frau war der Hysterie offenbar nicht bloß nahe, sie hatte die Grenze zur Hysterie schon weit überschritten, sodass die Blondine kein Wort dessen verstehen konnte, was die Hysterikerin herausschrie. Die Männerstimme hob sich jetzt ebenfalls, sie nahm einen scharfen Tonfall an, und die Blondine vernahm die Worte: »Bitte, so geht es nicht. Sie können hier nicht einfach so herkommen und mich förmlich erpressen. Dafür müssen Sie schon Verständnis haben.« Woraufhin die Frau wieder etwas kreischte, was die Blondine nicht verstand.

Erst nach einer Weile wagte sie, um die Ecke zu sehen, und da erblickte sie einen Mann – *ihn* –, der anscheinend vergebens versuchte, eine kleine Frau aus der Tür zu schieben. Die Frau hatte, soweit sie das im Flurlicht erkennen konnte, ganz kurz geschnittene Haare, sie trug eine lila Bluse und eine bunte Hose, sah also ganz aus wie eine Studentin. Neben der Frau stand eine dunkle Tasche, und die Blondine überlegte, ob sie sich bemerkbar machen sollte. Obgleich der Mann mehr als zwei Köpfe größer war, hatte er alle Mühe, die wild um sich schlagende Frau so weit zu bändigen, dass sie ihn nicht ins Gesicht treffen konnte. Die Blondine wusste noch immer nicht so recht, was sie tun sollte, als sie auf einmal hörte, wie etwas klirrend zu Boden fiel. Vor dem Eingang war es zu dunkel, um zu erkennen, was es gewesen war, aber der Kampf hörte einen Augenblick lang auf, das Kreischen der Frau brach abrupt ab, und auch der Mann sagte plötzlich kein Wort mehr. Daraufhin wagte es die Blondine, um die Ecke zu kommen. Sie blieb am Fuß der Treppe mit den fünf Stufen stehen, die zum Eingang hinaufführten.

Das Ergebnis war überraschend. Die hysterische Frau kreischte wie eine Wahnsinnige. – *Wer weiß, vielleicht war sie ja wahnsinnig?*, dachte die Blondine ganz kurz –, und der Mann holte tief Luft und sagte: »Um Gottes willen, was wollen *Sie* denn hier?«, und zwar in einem Ton, der keinen Zweifel ließ, dass er die Blondine dahin wünschte, wo der Pfeffer wächst. Die Blondine erstarrte, dann jedoch kreischte sie fast ebenso laut wie die andere Frau: »Du willst wohl nichts von mir wissen, was? Jetzt bin ich extra noch mal gekommen, weil ich wusste, dass du jetzt allein bist und wir uns endlich einmal aussprechen können! Ich habe ja nichts dagegen, dass du dich so intensiv um die anderen kümmerst, aber ich halte es einfach nicht mehr aus, dass du dich nicht um *mich* kümmerst! Dass ich für dich offensichtlich Luft bin!«

Dem Mann hatte es ganz deutlich die Sprache verschlagen. Erst nach einigen Augenblicken hörte die Blondine ihn murmeln: »Jetzt ist die auch noch übergeschnappt!« Sie stürzte die fünf Stufen hinauf, stolperte, fiel hin und ergriff während des Sturzes den Gegenstand, der vor Kurzem zu Boden gefallen war. Ein Messer. Ein Küchenmesser, das jetzt, im Schein des Flurlichts, böse glänzte.

»So! Du triffst dich also nach deiner Bürozeit mit irgendwelchen Flittchen!«, kreischte die Blondine fast ebenso hysterisch wie die kurzhaarige Frau vorhin. Die stand wie erstarrt und sah von dem Mann zu der Blondine und wieder zurück. Es war eigentlich überraschend, dass sich aus den Nachbarhäusern niemand meldete, der empört über den Lärm gewesen wäre, den die drei dort auf dem Treppenabsatz veranstalteten. Aber noch nicht einmal einer der in Sächelen ansonsten so zahlreich vertretenen Studenten war auf der Straße vor dem Haus – der Villa – des Therapeuten zu sehen.

Was in dem folgenden Handgemenge nun wirklich geschah, war eigentlich keinem der daran Beteiligten so recht klar, insbesondere nicht dem Mann: Denn der lag tot auf dem Treppenabsatz, das Küchenmesser in der Brust. Während sich das Blut langsam auf dem Stein verteilte, rannten die beiden Frauen in verschiedene Richtung davon, wobei die eine, die Kurzhaarige, mit ihren Turnschuhen eine beträchtlich höhere Geschwindigkeit zu entwickeln vermochte als die Blondine mit ihren Stöckelschuhen. Etwa zur gleichen Zeit wurde beiden Frauen dann der Atem knapp, und sie gingen langsamer weiter.

Die Studentin Barbara kam von einem Besuch im *TOP* nach Hause, der Kneipe, wo man sich als Student gern traf. Sie hatte sich mit einer guten Freundin getroffen, mit ihr über alles Mögliche getratscht, und hätte man sie gefragt, so hätte sie gesagt: »Schön wars gewesen.« Kurz bevor sie das Wohnhaus erreichte, in dem ihre beiden kleinen Zimmer lagen, erblickte sie jemanden, der auf den Stufen saß, die hinauf zur Haustür führten. Sie zögerte und wusste

12

nicht, was sie davon halten sollte. Immerhin war es spät in der Nacht. Aber als sie etwas näherkam, erkannte sie die Person, und sie rannte zu ihr hin. »Britta! Du meine Güte! Was willst du denn hier?« Sie musterte ihre Freundin, die eine Tasche neben sich gestellt hatte und ein Bündel im Arm hielt. Ihre kleine, nur wenige Wochen alte Tochter. »Du siehst ja furchtbar aus. Ist was passiert?« Sie setzte sich neben die andere Frau, die jetzt ihr Gesicht an Barbaras Schulter barg, während sie noch immer weinte. Barbara nahm sie fest in die Arme, streichelte sie und sagte immer wieder: »Aber Britta, beruhig dich doch, du!«

Britta beruhigte sich jedoch nicht, im Gegenteil. Ihr Schluchzen wurde immer schlimmer, und Barbara war inzwischen völlig ratlos, was sie tun sollte. Schließlich sagte sie: »Komm mit hoch, ja? Dann kannst du mir erzählen, was los ist. Oder vielleicht legst du dich am besten erst mal hin, ja?« Die andere nickte kurz, und Barbara nahm deren Tasche, schloss die Haustür auf und ging ihrer Freundin voraus zu ihrer Wohnung. Dort angekommen, bemerkte Barbara erneut, dass Britta völlig fertig war, nicht einmal mehr imstande zu reden. »Geh nach nebenan und leg dich hin. Oder kann ich noch was für dich tun?« Kopfschütteln. »Na gut. Schlaf dich aus, dann kannst du mir ja immer noch erzählen, was los ist. Ich bin hier im Wohnzimmer, falls du mich doch brauchst.« Sie sah noch, wie ihre Freundin die kleine Jule, die zum Glück fest schlief, neben sich legte.

Sie schloss die Türe hinter sich, war jedoch ziemlich in Sorge. So sehr es sie danach verlangte zu wissen, was eigentlich los war, warum ihre Freundin bei ihr aufgetaucht war, warum sie wohl längere Zeit unten auf der Treppe gesessen hatte, so wenig wollte sie jetzt in sie eindringen. Daher setzte sie sich aufs Sofa und schaltete den Fernseher an. Aber sie konnte sich nicht so recht auf das konzentrieren, was sie da sah. Immer wieder ertappte sie sich dabei, wie sie horchte. Aus ihrem Schlafzimmer kam jedoch kein Laut. Einmal stand sie auf und ging zur Tür, hatte schon die Klinke gedrückt. Sie ließ sie wieder los, denn sie wollte sich nicht aufdrängen. Aus dem Schlafzimmer drang noch immer kein Laut. Da hielt sie es nicht mehr aus und öffnete.

Auf Zehenspitzen huschte sie ans Bett und betrachtete nachdenklich das Gesicht ihrer Freundin. Es glänzte vor Schweiß, und jetzt stöhnte sie auch leise. Aber sie schlief. Ihre Tochter ebenfalls. *Das ist zumindest etwas,* dachte Barbara, als sie ebenso leise das Schlafzimmer wieder verließ. Sie überlegte, ob sie in der Wohnung ihrer Freundin anrufen sollte, dachte sich dann jedoch, dass sie lieber abwarten sollte. Vielleicht war da etwas passiert, vielleicht wollte sie nicht mit ihren Mitbewohnern zusammen sein, vielleicht... Sie schüttelte den Kopf. Ein- oder zweimal wars bisher vorgekommen, dass ihre Freundin bei ihr geblieben war, wenn irgendetwas vorgefallen war. Dann hatten sie die meiste Zeit über erst einmal über Belanglosigkeiten geredet, bis die Freundin irgendwann, mitten im Satz, auf ihre eigentlichen Schwierigkeiten zu sprechen gekommen war.

Barbaras Gedanken sprangen weiter. *Sie hat ihre Tasche mitgehabt,* überlegte sie, *muss wohl heute aus Hannover gekommen sein.* Vermutlich war *da* etwas geschehen. Oder unterwegs... sie fröstelte. Ihre Freundin fuhr fast immer per Anhalter, obwohl sie doch genau wusste, wie gefährlich das war. Und ob das Küchenmesser in ihrer Tasche hätte helfen können, wenn's irgendwie sehr rasch gehen musste oder der Kerl sehr stark wäre – sie bezweifelte es. Schließlich ertrug sie die Stimmen aus dem Fernseher nicht mehr, nicht mehr das bläuliche Flackern, und sie schaltete ab. In der Stille ringsum glaubte sie, das Stöhnen ihrer Freundin zu hören, und als diese dann auf einmal laut aufschrie, lief sie rasch hinüber ins Schlafzimmer. Aber die Freundin schlief immer noch, warf jedoch den Kopf unruhig hin und her. Barbara holte die Luftmatratze aus dem Schrank, pustete sie auf, zog sich aus und legte sich neben das Bett. Sie ihrerseits schlief in dieser Nacht schlecht, wachte immer wieder auf, weil Britta stöhnte oder gelegentlich etwas vor sich hin murmelte, was sie nicht verstehen konnte. Nur einmal glaubte sie zu hören, wie ihre Freundin sagte: »Ich bring ihn um, ich bring ihn um!«

2.

Das *TOP* war noch ziemlich leer, als Michael Wiemer den Vorhang beiseiteschob, der die nasskalte Märzluft von draußen zurückhielt. Patricia Garden, ihres Zeichens Rechtsanwältin, saß bereits an ihrem Stammtisch neben dem Fenster an der Rückwand des vorderen Kneipenraums, das zugleich der Notausgang war und in den benachbarten Garten führte. Sie hatte sich gegen ihre sonstige Gewohnheit stark geschminkt, und ihr modischer roter Hosenanzug deutete ganz auf eine Schickimicki-Frau, die sich normalerweise niemals in eine solche Kneipe wie das *TOP* gesetzt hätte. Dass das *TOP* eigentlich eine Kunstgalerie war, die Patricia regelmäßig frequentierte, weil sie sich ein wenig für moderne Kunst interessierte, war den wenigsten Gästen bewusst. Sie kannten lediglich die Kneipe, die im Grunde nur der Finanzierung der Galerie diente.

Der Schein trügt, schmunzelte Michael Wiemer in sich hinein, während er die Stufe zu dem runden hellen Holztischchen hinaufstieg. Er selbst sah weniger fein aus, passte mit seinem wuscheligen dunklen Haar, das stets so aussah, als habe er es noch nie gekämmt, den leicht vergilbten Blue Jeans, dem bunten Hemd und dem braunen Jackett viel besser zu seiner Umgebung. Zur Feier des Tages hatte er sich sogar eine Krawatte umgebunden. Grellgelb und von erlesener Geschmacklosigkeit.

»Hallo, du, und herzlichen Glückwunsch!«, sagte er, beugte sich zu ihr hinab und küsste sie vorsichtig auf die Wange, weil er Angst hatte, die Schminke zu verschmieren. Sie musste gestern oder heute beim Frisör gewesen sein, denn ihre modische Dauerwelle saß perfekt und roch leicht süßlich nach Haarspray. »Du hast dich ja ganz schön in Schale geworfen.«

»Hallo«, erwiderte sie und küsste ihn ihrerseits. »Na ja«, fuhr sie mit einem abschätzenden Blick auf Michaels Outfit fort, »einer sollte es zumindest tun.«

Erstaunt folgte er ihrem Blick und sah an sich hinab. »Wie?«, fragte er. »Ist das nicht fein genug? Dabei habe ich mir zur Feier des Tages sogar extra eine Krawatte aus dem Schrank geholt...«

»...die du besser drin gelassen hättest«, beendete Patricia. »Wieso?«

»Weil mir bei dem Anblick fast die Augen wehtun«, sagte sie. »Du hast doch sonst zumindest einen Hauch von Geschmack.«

Jetzt gab er sich beleidigt. »Aber dein Outfit und deine Frisur, nicht, die zeugen von Geschmack.«

»Mein Outfit dient einzig und allein der Feier des Tages. Ist mal 'ne Gelegenheit, es hervorzuholen. Und sag nichts gegen meine Frisur!«, brauste Patricia auf. »Die ist hochmodern und war zudem ziemlich teuer!«

»Das kann ich mir vorstellen.«

Sie sah ihn argwöhnisch an. »Weswegen das denn?«

»Bei dem ganzen Beton, den der Frisör gebraucht hat, damit die Haare so perfekt sitzen.«

»Mein lieber Michael, wenn du nicht gleich losgehst, dir ein Bier, mir einen Elsässer und uns zwei Gläser Sekt besorgst, dann könnte es sein, dass ich dich wegen Beleidigung verklage.«

Er fuhr gespielt erschrocken zurück. »Ja, ja, bin ja schon unterwegs.«

Grinsend ging er zur Theke hinüber, wohl wissend, dass ihm Patricia ebenfalls grinsend nachsehen würde. Obgleich er also ziemlich schlecht gelaunt gekommen war, hatte ihn der kleine Wortwechsel aufgemuntert. Daher machte es ihm nichts aus, dass er eine Weile vor der Theke stehen und auf die Bedienung warten musste.

Die beiden Frauen, die hinter der Theke standen, offenbar Studentinnen, und deren Äußeres – T-Shirt und Jeans – nun so gar nichts mit dem von Patricia gemein hatte, tratschten über eine Klausur, die sie entweder kürzlich geschrieben hatten oder demnächst schreiben würden. So genau bekam es Michael Wiemer nicht mit. Schließlich jedoch bequemte sich die Kleinere der beiden, die mit dem schwarzen Wuschelkopf, zu ihm und fragte ihn nach seinen Wünschen.

»Ein Pils, ein Elsässer, zwei Sekt.«

»Gezapft oder aus der Flasche?« Die übliche Frage im *TOP*, das Bier entweder als Flaschenbier oder aus dem Zapfhahn anbot.

»Den Wein und den Sekt aus der Flasche, bitte.«

Die Frau sah ihn erst irritiert an, dann lächelte sie. Michael erwiderte ganz unschuldig das Lächeln. Dann ergriff sie ein bauchiges Pilsglas, stellte es unter den Zapfhahn und ließ den ersten Schwall Bier hineinzischen. Anschließend bückte sie sich, öffnete eine der Kühlschranktüren und holte je eine Flasche Wein und Sekt heraus. Sie füllte die Gläser und stellte sie auf die Theke. »Das Pils kannst du dir gleich abholen. Ich ruf dann«, sagte sie. Michael nickte, nahm die Gläser und wollte davon, doch die Frau meinte sehr bestimmt: »Kannst du die Getränke bitte gleich bezahlen?«

Gehorsam drehte sich Michael um, setzte die Gläser wieder auf der Theke ab und zog sein Portemonnaie hervor. »Wie viel macht's denn?«

»Achtzehn dreißig.«

Er reichte ihr einen Zwanzigmarkschein, sie ging damit zu einem Zählbrett, legte den Schein in eines der Fächer, zählte das Wechselgeld ab und kam damit zurück. »Bitte!«

Michael strich es ein, ließ die Münzen ins Portemonnaie gleiten und schob es dann wieder in seine linke Hosentasche. Erst, als er Patricia fast erreicht hatte, fiel ihm auf, dass er die Gläser auf der Theke hatte stehenlassen. Er machte kehrt, holte sie und reichte ihr mit einer kleinen spöttischen Verneigung ein Sektglas, während er das Weinglas vor ihr auf den Tisch stellte. »Zum Wohl, die Dame! Auf die nächsten Jahre, und dass die Kanzlei wachsen und gedeihen möge!« Dann ließ er sich ihr gegenüber nieder, und sie stießen an und tranken.

Nachdem sie die Gläser abgesetzt hatten, meinte Michael: »Eigentlich gibt's heute ja noch was zu feiern, nicht wahr?«

Jetzt war es Patricia, die ihn überrascht ansah.

»Wenn ich richtig gerechnet habe«, sagte er, »kennen wir uns heute auf den Tag genau vier Monate.«

Die Anwältin wurde rot und senkte den Kopf. Eine kleine Weile herrschte Schweigen zwischen ihnen, schließlich hob Patricia den Kopf wieder und sagte leise: »Erst so kurz?«

»Wieso?«

»Na ja...« Sie zögerte, ehe sie weitersprach. »Irgendwie habe ich das Gefühl, dich schon ewig zu kennen.«

Er schluckte. »Geht mir nicht anders. Auch ich habe das Gefühl, dich schon ewig und drei Tage zu kennen. Länger fast als Bernadette.«

Der Name von Michaels Frau warf einen kleinen Schatten über die gute Stimmung der beiden.

»Ist sie immer noch so eifersüchtig?«, fragte die Anwältin.

»Begeistert war sie nicht gerade, als ich vorhin losgefahren bin«, erwiderte Michael Wiemer. »Weißt du, sie hat noch immer so ihre Art drauf, dass ich mich jedes Mal schuldig fühle, wenn ich losgehe und mich mit dir treffe. Dabei...«

»Dabei was?«

»Ach, sie schafft es wirklich, dass ich mich so fühle, als ob ich sie... nun ja, halt betrügen würde.« Er hielt kurz inne. »Wobei ich mich in letzter Zeit immer häufiger frage, ob sie da so unrecht hat.«

»Michael!« Er zuckte leicht zusammen und hätte ihre folgenden Worte fast mitsprechen können. »Du weißt genau, dass wir uns darauf geeinigt haben, alles in dieser Hinsicht außen vor zu lassen. Wir treffen uns hier, wir klönen, wir trinken ein, oder auch zwei, zusammen, und manchmal unternehmen wir einen Spaziergang. Aber das ist es dann auch. Mehr will ich nicht, und mehr kannst du nicht.« Das hörte sich hart an, aber Michael glaubte dennoch, so etwas wie Unsicherheit aus ihren Worten herauszuhören – oder war da etwa der Wunsch Vater des Gedankens? Jetzt lächelte sie wieder. »Nun schau nicht so bedröppelt drein! Jegliche Annäherungsversuche deinerseits würde ich sowieso wie an einer Betonmauer abprallen lassen.«

»Ja, ja, die Frisörkosten.«

»Ach, jetzt hör mal endlich damit auf! Ein Frisörbesuch täte dir übrigens auch mal gut.«

Michael hob die Hände an den Kopf und wühlte in seinen Haaren, womit er den letzten minimalen Rest einer Frisur vollends zerstörte. »Ich weiß nicht«, meinte er, »mir gefällt's so. Aber können wir vielleicht mal über was anderes reden als über Frisuren?«

»Wer hat denn damit angefangen?«

Er löste die Hände aus den Haaren und hielt sie ihr abwehrend entgegen. »Ja, ja, schon gut! Ich sage schon gar nichts mehr. Wie ist es dir denn heute so gegangen?«

»Schlecht«, erwiderte sie knapp und so aufrichtig, dass Michael jetzt wirklich erschrocken war. »Und das nicht nur zwischen fünfzehn und sechzehn Uhr.« Sie trank einen Schluck Wein.

»Was war denn da?«

»Da hatte ich einen ganz speziellen Mandanten.«

Michael Wiemer grinste. »Ach, nee, Freund Plackat, größte Lüriker von Welt?«

»Oh, oh, Michael«, sagte sie und drohte ihm mit einem Finger. »Jetzt maßt du dir aber etwas an, was dir nicht zusteht! Wie kannst du es wagen, ein Urteil über die Qualität seiner Gedichte abzugeben?«

Er legte sich eine Hand aufs Herz und verneigte sich im Sitzen. »Verzeihung. Bitte vielmals um Verzeihung. Das darf ich nun wirklich nicht. Ich nehme alles zurück und behaupte das Gegenteil. Hat er dir wieder einen Lürikband verehrt?«

Sie schüttelte den Kopf. »Nein. Heute ging's nicht um Gedichte, sondern um Dichtungen. Der Installateur hat Pfusch gemacht, und Herr Plackat verlangt Schadenersatz.«

»Dreihundertfünfzig Mark.«

»So in etwa. Wenn er so weiter macht, kriegt er sein Haus letztlich von seinen Handwerkern bezahlt.«

»Warum vertrittst du ihn dann, wenn du damit nicht einverstanden bist?«

»Geschäft ist Geschäft, mein Lieber. Außerdem kennen wir uns schon ziemlich lange, und zwar nicht nur geschäftlich. Wir waren lange genug Nachbarn. Und zwar gute.« Sie nahm erneut einen Schluck Wein und sagte dann: »Vor seinem Umzug. Aber nicht darüber wollte ich heute mit dir sprechen.« Sie war wieder sehr ernst geworden, so ernst, wie Michael sie selten erlebt hatte.

Er hatte es bislang auch noch nie erlebt, dass sie ihn bei sich daheim anrief und ihn an ihr Treffen erinnerte. Irgendetwas musste vorgefallen sein, sonst hätte Patricia nicht in Kauf genommen, von Bernadette am Telefon ziemlich kurz und spitz abgefertigt zu werden. Es musste sogar etwas derart Schwerwiegendes sein, dass ihr nicht einmal danach zumute war, das einjährige Bestehen ihrer Anwaltskanzlei richtig zu feiern. Er fragte: »Du bist doch nicht etwa ernsthaft in Schwierigkeiten?«

Seine Frage klang so ehrlich besorgt, dass Patricia ihm zulächelte, wenn auch traurig. »In gewisser Hinsicht ja, aber nicht, wie du vielleicht meinst.«

Er lehnte sich in seinen Stuhl zurück und sah sie aufmerksam an. Ja, er würde ihr jetzt genau zuhören, und er würde sein Möglichstes tun, ihr zu helfen. Die Anwältin war auf einmal froh darüber, dass nicht sie es jetzt sein musste, die jemandem aufmerksam zuzuhören hatte. Das war es auch, was ihn damals, vor vier Monaten, für sie so interessant hatte erscheinen lassen. Seine Fähigkeit, sehr genau und konzentriert zuzuhören und dann die richtigen Bemerkungen zu machen oder Fragen zu stellen. Hin und wieder während der letzten Wochen war sie schon so weit gewesen, sich zu fragen, ob sie eigentlich bedauern sollte, dass er verheiratet war. Wie sie jedoch auch wusste, hatte er bei aller Nettigkeit und Zuverlässigkeit auch seine sehr schwachen Seiten. So trank er, zum Beispiel, gerne mal einen oder zwei über den Durst, oder er war letztlich doch nur dann zuverlässig, wenn ihm gerade danach zumute war.

Sie selbst hatte an jenem Abend allerdings vielleicht ihrerseits einen oder auch zwei Elsässer zu viel getrunken und war deswegen redseliger gewesen als sonst. Sie hatte aber einfach die Nase voll gehabt – immer nur Büro, Büro, Büro, immer nur das Bangen, ob denn nicht bald wieder das Telefon klingeln und ein neuer Mandant ihre Dienste in Anspruch nehmen wollte.

Vielleicht hatte sie sich nach ihrem Jurastudium, dem Referendariat und der Arbeit in der bekannten Kanzlei Reimann das Leben in einem freien Beruf doch etwas zu rosig ausgemalt. Gewiss, sie hatte während ihrer Tätigkeit dort etliche Verbindungen geknüpft, jede Menge Leute kennengelernt, sodass sie über die erste Zeit halbwegs gut hinweggekommen war. Außerdem hatten ihre Eltern sie finanziell wirklich großzügig unterstützt. Und da sie sich zudem – noch, setzte sie in Gedanken mit einem kleinen Stoßseufzer hinzu – auf sehr engagierte Weise mit jedem Fall auseinandersetzte und einige beachtliche Erfolge hatte erzielen können, hatte sie sich einen guten Ruf erworben. Aber ob das auf Dauer ausreichte, ihr den Lebensunterhalt zu sichern, und ob sie das vor allem durchhielt, das wusste sie längst noch nicht. Manchmal beneidete sie Michael, der immerhin ein fest verbeamteter Lehrer war und daher ausgesorgt hatte. Häufig genug hatte sie jedoch den Eindruck, er wäre lieber in ihrem Sinne frei – ohne Ehepartnerin, ohne die Verpflichtungen, die daraus erwuchsen. Manches Mal kam er ihr vor wie ein dreizehnjähriger Junge, der noch immer von Karl Mays Abenteuern träumte. Andererseits wusste sie, dass er in der Schule, einer Sonderschule für Sprachbehinderte, beliebt war und nicht nur mit den Kollegen, sondern auch und gerade mit seinen Schülern gut zurechtkam.

»So schweigsam?«, unterbrach Michael ihre Gedanken.

»Ach, weißt du…« Sie wusste auf einmal nicht so recht, wie sie beginnen sollte.

Der Lehrer wartete geduldig. Überhaupt zählte Geduld zu seinen Tugenden, worüber er sich allerdings völlig im Klaren war. Ohne seine große Geduld, hatte er Patricia einmal gesagt, würde er seine Ehe vermutlich nicht ertragen. Und seine Schüler auch nicht. Sie setzte zum Reden an, wurde jedoch durch einen Ruf unterbrochen: »Ein Pihils!« Sie seufzte und sagte zu Michael, der schon halb stand: »Ja, ja, geh's nur ruhig holen. Ich warte.«

Sie sah zu, wie er zur Theke ging, wo ihm die kleine Thekenfrau ein Pilsglas in die Finger drückte, an dem das Bier außen herabfloss. Da er kleine klebrige Finger bekommen wollte, zog er ein Papiertaschentuch hervor und setzte zudem einen Bierdeckel unters Glas. So trug er es vorsichtig zu seinem Platz zurück. »Prost!«, meinte Patricia ergeben, als er den Schaum abtrank. Nachdem er sein Glas abgesetzt hatte, begann sie jedoch entschlossen mit der Schilderung ihrer Schwierigkeiten.

»Weißt du, im Grunde ist es eigentlich gar nichts Besonderes.« Sie legte eine kurze Pause ein.

Woraufhin Michael Wiemer sagte: »Wenn du schon so anfängst – eigentlich nichts Besonderes...«

»Ja, ja«, unterbrach Patricia Garden ihn ungeduldig, fast etwas gereizt, »schon gut, ich weiß, was du sagen willst.«

»Wirklich?« Er schien wirklich erstaunt.

»Wirklich.« Jetzt war die Anwältin doch verärgert. »Und ich habe im Augenblick absolut keinen Nerv für überflüssige Kommentare.«

»Überflüssige Kommentare? Welche überflüssigen Kommentare?«

Jetzt war wieder so ein Punkt, an dem Patricia Garden aus ihm nicht recht klug wurde. Auf der einen Seite konnte er so helle sein, so blitzartig Zusammenhänge erfassen, und auf der anderen manchmal derart naiv, dass sie es kaum zu glauben vermochte. Daher vergeudete sie weiter keine Zeit damit, sich über ihn zu ärgern, sondern fuhr fort: »Nun gut, es geht um eine Studentin. Die hat in ein paar Tagen, genauer gesagt, nächsten Dienstag, einen Termin beim Landgericht. Und ich bin ihre Verteidigerin.«

»Oh, eine Strafsache? Machst du sonst doch kaum.«

»Ja, stimmt schon, aber diesmal ist es was anderes. Erklär ich dir später. Also, diese Studentin steht zum zweiten Mal vor Gericht, sie hat, um es kurz zu machen, zum zweiten Mal geklaut. Diesmal zusätzlich sogar einen Einbruch begangen. Und das noch dazu in der Bewährungszeit vom ersten Mal.«

»Ach du liebe Güte! Was hat sie denn geklaut?«

»Einen Sattel.«

Der Lehrer, der gerade an seinem Glas nippte, verschluckte sich heftig und hustete etliche Spritzer Bier auf den Hosenanzug der Anwältin.

Sie betrachtete missmutig den Anzug und hoffte, dass die Spritzer keine dauerhaften Flecken hinterließen.

»Einen Sattel?«

»Ja. Dazu hat sie eine Schaufensterscheibe eingeschlagen. Und genau genommen hat sie den Sattel gar nicht geklaut. Sie hat, nachdem sie die Scheibe eingeschlagen hat, gewartet, bis die Polizei gekommen ist.« Patricia trank einen Schluck Wein. »Sie war ziemlich angeheitert.«

»Wer? Die Polizei?«

»Blödmann. Die Studentin, natürlich. Sie ist, ihren eigenen Worten zufolge, wieder mal durchgedreht und ausgerastet, nachdem sie mehreren Kneipen einen Besuch abgestattet hat. Eins Komma drei Promille.«

»Oh.« Michael wirkte erschüttert, was ihn jedoch nicht daran hinderte, seinen eigenen Promillestand durch einen kräftigen Schluck Bier etwas anzuheben. »Ist ja nicht gerade wenig.«

»Das Dumme ist, dass ich überhaupt nicht voraussehen kann, wie diese Sache enden wird«, fuhr die Anwältin fort, ohne sich von Michaels Bemerkung stören zu lassen – genauso wenig wie von dem dunkelhäutigen, lächelnden Rosenverkäufer, der ihr sein Bund Rosen fast unter die Nase hielt. Es war schließlich Michael, der ein wenig unwirsch abwinkte, woraufhin der Rosenverkäufer nach wie vor lächelnd weiterging. *Sicher ein Asylbewerber*, dachte Patricia, wobei sie kurz an einen ihrer ersten Fälle dachte, wie

sie als Verteidigerin vergebens versucht hatte, einen Asylbewerber vor einer ziemlich saftigen Geldstrafe wegen
illegaler Erwerbstätigkeit zu bewahren.

»Scheiß Spiel«, murmelte Michael und zog endgültig seine Krawatte aus, an der er eine Weile herumgenestelt hatte.

Patricia, die unwillkürlich erleichtert ausatmete, war sich
jedoch nicht ganz im Klaren, ob er den Rosenverkäufer
meinte, die Krawatte oder sogar beides. Oder gar ihren
Fall.

»Also, ums kurz zu machen...«

»Ein Pi-hils!«, erscholl's von der Theke.

»...ich habe der Studentin nach ihrem ersten Klau – übrigens ein paar Baby-Strampler in einem Kaufhaus, und
dabei hat sie sich fast genauso dämlich angestellt, sodass
man fast den Eindruck gewinnen könnte, sie hat sich erwi-
schen lassen *wollen* – dringend geraten, sich in psychologische Behandlung zu begeben. Das hat sie wohl auch getan,
wenn auch nach einigem Zögern. Ich habe ihr einen Bekannten von mir empfohlen, den ich für ziemlich fähig
halte, keine solche trübe Tasse, wie sie in diesem Gewerbe
nicht gerade selten sind. Ich kenne ihn noch aus Studi-
Tagen. Wir sind gemeinsam im AStA gewesen. Übrigens
habe ich das unter anderem auch deshalb gemacht, weil ich
ihren ersten Klau ja gerade noch so halbwegs nachvollzie-
hen konnte.«

»Du? Darfst du das denn überhaupt?«

»Michael, mir ist wirklich nicht nach Scherzen zumute,
ja?«

Jetzt war der Lehrer ernstlich beleidigt. »Ich habe nicht
gescherzt. Ich habe nur gemeint, ob du einer Mandantin
einfach so einen Psychologen empfehlen darfst.« Er hob

sein Glas und trank das Bier in zwei großen Schlucken aus, woraufhin er sich sogleich erhob und schon halb abgewandt meinte: »Und ich darf mir auch noch ein Bier holen, ja?« Er ging los und gab an der Theke seine Bestellung auf. Patricia, die wieder leicht errötet war, sah, dass er einen Augenblick lang zögerte, ob er dort warten sollte, dann allerdings doch kurz entschlossen wieder an ihren Tisch zurückkehrte und sich ihr gegenüber niederließ. Sie streckte die Hand aus und berührte ihn kurz am Arm.

»Tut mir leid«, meinte sie. »Ich hab' dich da wirklich missverstanden.« Er grunzte bloß unverbindlich. »Wirklich! Weißt du, die Sache geht mir schon seit ein paar Tagen ununterbrochen im Kopf herum, und ich mache mir inzwischen ernstlich Sorgen.«

Michael Wiemer hörte die Aufrichtigkeit aus ihren Worten heraus und konnte ihr einfach nicht weiter böse sein. Zumal er doch neugierig war, weswegen sie sich Sorgen machte. Hatte sie bislang schließlich auf dem Standpunkt beharrt, dass ihre Fälle im Büro blieben, wenn sie des Abends die Tür abschloss. So gut wie nie hatten sie über irgendetwas gesprochen, was mit ihrem Beruf zusammenhing. Mit seinem Beruf übrigens auch nur sehr selten.

»Also«, sagte sie jetzt und nahm die Hand zurück, »wie gesagt, sie hat am Dienstag einen Termin beim Landgericht, und die haben sehr wohl die Möglichkeit, sie diesmal hinter Gitter zu bringen. Was allerdings gelinde gesagt mehr als schlimm für die Kleine wäre. Genauer gesagt, für die beiden Kleinen. Die Studentin hat nämlich auch noch ein Baby, so etwa drei Monate alt.«

»Und dann ist sie neulich losgezogen und hat sich volllaufen lassen?« Michael war erschüttert. »Was hat sie denn mit ihrem Kleinen gemacht?«

»Das ist in der WG geblieben, wo sie wohnt. Ist übrigens eine Kleine. Jule heißt sie.« Die Anwältin wirkte ebenfalls erschüttert. »Und das hat mich natürlich dann doppelt getroffen, als die Studentin neulich bei mir aufgetaucht ist und mir von der Sache erzählt hat. Ich muss also mein Möglichstes tun, die Leute da beim Gericht davon zu überzeugen, dass sie demnächst wirklich keine Dummheiten mehr anstellt. Dazu muss ich natürlich auch möglichst viel über sie wissen. Mehr, als ich beim ersten Mal erfahren habe – keine sonderlich glückliche Kindheit in irgendeinem Kaff in der Nähe von Osnabrück, das Abitur irgendwie auf Umwegen gemacht, dann allerdings sehr gut, was eigentlich für die Kleine sprechen sollte, danach angefangen, Pädagogik und Psychologie zu studieren. Ihre Eltern hatten eigentlich gewollt, dass sie heiratet oder zumindest, ihren Worten zufolge, einen anständigen Beruf ergreift. Arzthelferin oder Verkäuferin. Ich meine, damit wäre sie allerdings hoffnungslos unterfordert gewesen.«

»Und warum fragst du sie nicht einfach? Beziehungsweise, hast sie nicht schon einfach gefragt?«

Die Anwältin hob lediglich die Schultern und wedelte sich mit der Hand etwas Luft zu – es war mittlerweile im Raum ziemlich warm geworden, die reichlich hereingeströmten Gäste heizten kräftig mit. Michael Wiemer bemerkte am Tisch vor der Theke eine ziemlich unförmige Frau in einem karierten Kleid, deren Gesicht von dicken Brillengläsern stark verzerrt wurde. Die Frau sah gerade zu ihnen herüber und winkte, und er winkte automatisch zurück, um sich dann wieder Patricia zu widmen.

Erneut dachte Michael Wiemer, dass sie in ihrem modisch-schicken Outfit hier im *TOP* eigentlich fehl am Platz wirkte. Es gab in Sächelen weiß Gott andere Treffpunkte für Schickimickis, wie er wusste. Daraufhin dachte er ganz kurz an seine eigene Frau, deren selbst gestrickte alternativ-violette Pullis ihm allerdings – auch wenn er sich dafür einen Chauvi schimpfte – wesentlich mehr auf die Nerven gingen als Patricias Hosenanzug. Zumal das bei ihr auch eher die Ausnahme war und sie normalerweise meist wesentlich weniger geschminkt und in Bluse und Hose oder Rock auftauchte und ihre Frisur nicht derart aufgedonnert war wie heute Abend.

»Ein Pi-hils!«

Michael Wiemer wollte aufstehen, doch da erhob sich auch die Anwältin. »Ich will mir auch etwas Nachschub besorgen«, erklärte sie, »und bring dir dein Glas mit, ja?«

»Immer, wenn's spannend wird«, maulte der Lehrer, aber sie war schon auf dem Weg zur Theke. Diesmal dauerte es eine geraume Weile, bis sie sich zum Tresen vorgekämpft hatte und ihre Bestellung aufgeben konnte. Am Nebentisch schimpfte man derweil lautstark über die bescheuerten Assis, die allesamt keine Ahnung hatten und total unmögliche Hausaufgaben stellten.

»Oder hast du etwa letztens die fünfte Aufgabe verstanden?«

»Nee. Und was das alles mit Psychologie zu tun haben soll, erst recht nicht. Also, wenn du mich fragst, hat die Hellmer einen Knall«, sagte eine junge Frau mit langen blonden Haaren auf die Bemerkung eines äußerst erregten

Studenten. Der reichlich durchlöcherte Pullover dieses Studenten veranlasste Michael zu der Überlegung, ob er sich möglicherweise noch nicht an die Abwesenheit seiner Mutti gewöhnt hatte, die ihre Abende damit verbrachte, die notwendigsten Handarbeiten für ihren lieben Sohn zu erledigen.

»Da hast du recht«, meinte eine andere Frau mit einer Kurzhaarfrisur, die ihre überreichliche Ohrbehängung voll zur Geltung kommen ließ. »Ich mein ja immer, wir sollten uns auch an der Uni mehr mit solchen Leuten wie dem Rogers beschäftigen statt diesem mathematischen Quatsch. Wer hat denn später was davon, wenn's um die wirklichen Probleme geht?«

Klar, dachte der Lehrer amüsiert, *die wirklichen Probleme.* Auf einmal interessierte es ihn, was diese Erst- oder Zweitsemester darunter verstehen mochten, und er war schon nahe daran, sich in das Gespräch einzumischen, da kam Patricia zurück, die beiden gefüllten Gläser vorsichtig in den Händen balancierend.

»Expedition beendet?« Er grinste sie an, und sie grinste zurück.

»Erfolgreich, wie du siehst.« Sie stellte ihm das Glas Bier hin, setzte sich und nahm einen kräftigen Schluck aus ihrem Glas. »Also, wo waren wir stehengeblieben?«

»Wieso hast du diese Studentin nicht weiter interviewt?«

»Ach ja, stimmt.« Plötzlich wurde sie wieder ernst. »An die komme ich nicht heran. Leider.«

»Hm? Das versteh ich nicht.«

»Ganz einfach, oder, von mir aus, auch ganz kompliziert. Vor drei Tagen hätte diese Studentin eigentlich einen Termin bei mir gehabt. Da wollten wir alles abschließend durchsprechen. Ich meine, so im Groben habe ich mir meine Strategie ja schon überlegt. Aber die große Erleuchtung ist mir noch nicht gekommen. Die hatte ich mir von dem Gespräch erwartet. Sie sollte also wissen, wie wichtig dieser Termin ist – gewesen wäre. Und wer ist nicht erschienen? Kannst du dir ja denken.«

»Zwei Pi-hils!«, erscholl's von der Theke, und zwei Leute vom Nachbartisch machten sich auf den Weg.

»Hörst du mir auch zu?«

Patricia wirkte verärgert, weil der Lehrer der Frau mit den blonden langen Haaren sehr intensiv nachgeschaut hatte.

»Sicher«, beeilte er sich zu sagen. »Sie ist nicht erschienen. Aber du hast doch bestimmt bei ihr angerufen?«

»Ja, das ist eben das Problem. Und darüber zerbreche ich mir die ganze Zeit über schon den Kopf.« Sie trank einen Schluck Wein. »Sie ist nämlich nicht da, wie man mir mitgeteilt hat.«

»Nicht da?«, echote Michael.

»Genau. Nicht da. Seit dieser Zeit hab ich's immer wieder versucht, zuletzt kurz bevor ich zum Frisör gegangen bin. Nichts. Die Leute da aus ihrer WG wirken allerdings so, als würde sie das nicht weiter beunruhigen. Auch nicht, als ich ihnen gesagt habe, es sei mehr als dringend. Das Einzige, was ich erfahren habe, ist, dass die Studentin wohl nach Hannover gefahren ist, zu ihrem Freund, und dass sie manchmal spontan etwas länger bleibt. Da ist sie allerdings nicht mehr. Leider bin ich erst heute auf die Idee gekommen, mir die Telefonnummer von da geben zu lassen. Hatte so viel anderes um die Ohren, dass ich bis dahin einfach nicht draufgekommen bin. Ich könnte mich jetzt noch ohrfeigen.«

Die Anwältin sah jetzt wirklich bekümmert aus. Michael Wiemer versuchte mitzufühlen, aber so ganz gelang es ihm nicht. Er hatte noch immer den Eindruck, dafür zu wenig zu wissen. Er betrachtete sie, wie sie da vor ihrem Weinglas saß, das sie mit beiden Händen umfasst hielt. Eigentlich war sie ja nicht der Typ Frau, den er sonderlich attraktiv fand. Was aber vielleicht nur daran lag, dass er diese modischen Dauerwell-Frisuren an einer Frau eigentlich nicht mochte? Und die Schminke schon gar nicht! Und diese grellbunten Hosenanzüge überhaupt nicht! Er überlegte jetzt, wie sie sich eigentlich kennengelernt hatten, hier im *TOP*, das einerseits ja recht gemütlich war, weswegen er hier auch häufig verkehrte, zumal sich auch die Preise für die Getränke sehr im Rahmen hielten. Andererseits war es auch einer der Sammelpunkte derjenigen, die sich für links und intellektuell hielten. Er schnaubte innerlich. Um in Sächelen als Intellektueller zu gelten, bedurfte es allerdings nicht viel, um links zu sein, noch weniger. Ein paar markige Sätze über die Pflicht zum sozialen Engagement, zur sozialen Gerechtigkeit sowie der verbale Kampf gegen Atomkraftwerke reichten da häufig schon aus. Er musste unwillkürlich grinsen, sowohl hämisch als auch bitter.

Er hatte sich damals gegen seine sonstige Gewohnheit in ein Gespräch eingemischt, das diese Frau hier vor ihm, diese Anwältin, mit einem Mann geführt hatte, der ihr offenbar unwiderleglich beweisen wollte, dass die Grünen bloß ein Ableger der SPD und somit letztlich völlig überflüssig waren. Er hatte sich vielleicht eingemischt, weil ihm die Frau leidgetan hatte, der offensichtlich irgendwann die

Argumente ausgegangen waren und die sich jetzt sogar einiger ziemlich gemeiner und persönlicher Angriffe zu erwehren gehabt hatte, so in der Hinsicht: »Überhaupt, was verstehen Frauen denn von Politik.«

Nach Michaels Eingreifen hatte sich der andere rasch verzogen, und dann hatte er sich weiter mit Patricia unterhalten. Es war unter anderem darum gegangen, wie man den Einfluss der Grünen, vielmehr hierzulande der Grün-Alternativen-Liste, im Stadtrat richtig einschätzen musste – Patricia Garden war davon überzeugt gewesen, vorhandene verkrustete Strukturen könnten tatsächlich auf Dauer aufgebrochen werden, während er sich da sehr skeptisch gegeben hatte. Die Entscheidung, wer denn nun letztlich recht behielte, war noch nicht gefallen – ein bisschen zur beiderseitigen Überraschung.

Auf jeden Fall hatten sie damals ihre Telefonnummern ausgetauscht und sich – wider Erwarten – in den folgenden Tagen häufiger angerufen. Daraus war dann so etwas entstanden, das nicht nur reine Freundschaft, aber auch keine Beziehung werden sollte. Es hatte jedoch ausgereicht, dass Michaels Frau Bernadette eifersüchtig geworden war – auch, wenn sie's nicht zugeben wollte –, sodass sich Patricia und er inzwischen nur noch mehr oder weniger heimlich trafen. Ihr Anruf von heute Nachmittag war tatsächlich eine Ausnahme gewesen und hatte ihm deutlich gezeigt, dass wirklich etwas Schwerwiegendes vorlag.

»Und du hast keine Ahnung, wo diese Studentin jetzt sein könnte?«

Die Anwältin schüttelte nur traurig den Kopf. »Ich würd' ja nicht so viel Aufhebens um die Sache machen, wenn ich nicht dieses dumme Gefühl hätte, dass da etwas

Ernsteres hinterstecken würde. Es ist nämlich sehr ungewöhnlich, dass sie nicht sofort wieder in ihrer WG aufgetaucht ist oder zumindest Bescheid gegeben hätte, wohin sie wollte. Das hat sie – ihren WG-Mitgliedern zufolge – bislang immer getan.«

»Was befürchtest du? Dass sie ermordet worden ist? Vergewaltigt?«

»Nun übertreib doch nicht gleich so blöd«, sagte Patricia verärgert. »Ich find nicht, dass man sich darüber lustig machen sollte.«

Der Lehrer spürte die ersten Anzeichen einer handfesten Auseinandersetzung und lenkte ein. »Du hast ja recht. Entschuldige, bitte.« Er meinte es ernst.

»Schon gut. Außerdem fand ich das, was du gesagt hast, auch nicht blöd, sondern, wie du es gesagt hast. Nein, nein, die Vorstellung, ihr könnte etwas zugestoßen sein, hab' ich auch schon gehabt. Und wenn man bedenkt, dass sie häufig von Hannover aus getrampt ist... Man weiß ja nie, wem sie da in die Finger geraten sein könnte. Aber ich dachte eher... Wer weiß, möglicherweise ist sie ja wieder ausgerastet und versteckt sich jetzt irgendwo.«

»Hm«, machte Michael. »Und was willst du jetzt tun?«

»Ich *habe* bereits etwas getan, und das macht die Angelegenheit auch nicht erfreulicher. Ich habe heute, ehe ich dich angerufen habe, über eine Stunde mit Herumtelefonieren verbracht. Polizei, Krankenhäuser – ich hab' gar nicht gewusst, dass wir hier in Sächeln so viele davon haben –, Freunde, Bekannte, deren Telefonnummern ich von ihren Mitbewohnern bekommen habe. Alles Fehlanzeige. Bei der Polizei hatte ich so einen Väterlichen am Apparat, der mir einreden wollte, ich solle das Verschwinden meiner Tochter – da hab' ich ein bisschen geschwindelt – nicht so ernst nehmen. Schließlich wollten heutzutage ja viele junge Mädels einmal auf eigene Faust die Welt erforschen. Ich hätte ihm am liebsten eine durchs Telefon gelangt.« Stattdessen stürzte sie den Rest des Weins hinunter, verschluckte sich und hustete eine Weile, bis sie wieder sprechen konnte. »Tja, als letzte Möglichkeit sind mir dann ihre Eltern eingefallen. Die wohnen, wie gesagt, irgendwo in der Nähe von Osnabrück, warte mal, ja, Veeden heißt das Nest. Ich habe auch da schon angerufen, aber die Reaktion dort war gelinde gesagt sehr merkwürdig. Wen ich genau an der Strippe gehabt hab, weiß ich nicht, aber die Betreffende tat auf jeden Fall sehr heimlichtuerisch, flüsterte in die Sprechmuschel, dass ich kaum was verstanden habe, wollte aber letztlich nicht mit der Sprache heraus, ob die... Studentin daheim sei.«

Die Gesellschaft vom Nachbartisch brach lautstark auf, die Frau mit den langen blonden Haaren warf sich ihren Stadtrucksack so schwungvoll über die Schulter, dass sie Michael Wiemer beinahe das linke Ohr abgerissen hätte. »Oh, 'tschulligung«, war alles, was sie dazu zu sagen hatte, ehe sie mit den übrigen verschwand.

»Und so was will Psychologin werden«, grollte ihr der Lehrer nach. Das Ohr schmerzte heftig, und auch das heftige Reiben half da nicht weiter.

»Wie kommst du auf Psychologin?«, fragte Patricia überrascht. Er erzählte ihr kurz, was er gehört hatte.

»Mensch, das hätten glatt Kommilitonen von Britta Sanders sein können! Warum hast du das nicht gleich gesagt!« Sie sprang vom Stuhl auf, warf beinahe das Tischchen um, stürzte dem kleinen Trupp nach und überließ es

Michael, an der Theke Besen und Schaufel zu besorgen und die Scherben der beiden Gläser wegzufegen. »Du hast mich doch nicht gefragt!«, schimpfte er die Scherben an. Die blitzten bloß starr zurück, und der Lehrer beeilte sich, sie in den Abfalleimer zu befördern. Er wollte sich bei der kleinen schwarzgelockten Thekenfrau entschuldigen, doch die meinte bloß: »Schon gut, bei uns geht jeden Abend was zu Bruch. Macht nichts.«

Entgegen seiner ursprünglichen Absicht bestellte er dann doch noch ein Glas Bier und nahm somit endgültig das Risiko in Kauf, bei einer Kontrolle seinen Führerschein loszuwerden. Während er auf das Bier wartete, sah er durch das Fenster hinter der Theke, wie die Anwältin heftig auf die Psychologentruppe einredete. Die meisten starrten allerdings bloß gelangweilt die schmutzig-weiße Decke der veranda-artigen Überdachung an und versuchten vielleicht, die Löcher in den Kunststoffplatten dort oben zu zählen. Schließlich zuckte die langmähnige Blondine die Schultern, woraufhin sich der gesamte Trupp verzog und Patricia mit langen Schritten in die Kneipe zurückkehrte. Sie blieb kurz in der Tür stehen, schaute sich um und kam auf Michael Wiemer zu.

»Natürlich auch nichts«, sagte sie und fuhr fort: »Sicher kennen sie Britta. Aber die ist immer so Zitat *unkommunikativ* Zitat Ende. Erfreut sich offenbar keiner sonderlichen Beliebtheit. Auf jeden Fall wusste keiner von denen was Genaueres.«

Sie bestellte ihrerseits – auch entgegen ihrer Gewohnheit – noch ein weiteres Glas Elsässer, was für sie jedoch weniger problematisch war, da sie kaum einen halben Kilometer vom *TOP* entfernt wohnte und daher natürlich zu Fuß gehen konnte.

Während sie zum Tisch zurückkehrten, warf sie einen Blick auf die Armbanduhr des Lehrers und meinte: »Ach du liebe Güte, schon bald zwölf durch! Da muss ich aber nach Hause.«

Sie trank ihr Glas mehr oder weniger im Stehen leer und wollte schon los, aber Michael Wiemer hielt sie zurück.

»Du hast mir noch immer nicht gesagt, wie ich dir helfen kann.« Er leerte sein Glas langsam, wobei er im Kopf bereits diese leichte Beschwingtheit spürte, die auf einen ausgewachsenen Schwips hindeutete, der sich allmählich in einen kleinen Rausch zu verwandeln gedachte. *Hoffentlich gibt's nachher keine Kontrolle!*, dachte er.

»Ach ja, stimmt ja.« Patricia Garden setzte sich wieder. »Hier, ich schreib dir die Adresse von Brittas Eltern auf. Du könntest mir vielleicht riesig helfen, wenn du da mal hinfahren und nachfragen würdest, ob die was von Britta wissen. Möglicherweise triffst du sogar die merkwürdige Frau vom Telefon.«

Michael Wiemer zögerte. »Und wann soll ich das machen?«

»Möglichst vorgestern. Mit anderen Worten: wenn's ginge, Samstag oder Sonntag. Du fährst doch sonst schon mal allein in die freie Natur, da wird dir ein kleines Ziel mit Sicherheit entgegenkommen. Und du hast dann unterwegs viel Zeit, dir in Ruhe ein paar Streichquartette anzuhören.«

Der Lehrer lachte. »Okay, ich fahre. Wahrscheinlich Sonntag. Samstag muss ich zur Schule, testen.« Er blickte sie spitzbübisch an. »Und ich wäre auch ohne deinen indiskreten Hinweis auf meine Leidenschaft gefahren. Dir zuliebe. Warum fährst du übrigens nicht selbst?«

Patricia Garden grinste verlegen. »Ich würde ja selbst fahren, aber ich hab' da noch andere Sachen liegen, mit denen ich endlich mal zu Potte kommen muss. Und in meiner Wohnung sieht's aus wie bei Hempels unterm Sofa. Außerdem...« Sie zögerte, rückte dann allerdings mit der Sprache heraus. »Außerdem will mein Auto gerade nicht.«

»Was hat es denn?«

»Weiß ich nicht. Es springt nicht mehr an. Ich hab' deswegen schon eine Werkstatt angerufen...«

»Und das dauert.«

»Das auch. Aber daran liegt's nicht direkt«, gab die Anwältin zu. »Die Sache ist nur die, dass ich momentan ein bisschen sehr knapp bei Kasse bin. Nein, so knapp nun auch wieder nicht«, ergänzte sie, als der Lehrer prompt sein Portemonnaie zog. »Und den Wein kann ich auch noch bezahlen. Ich warte halt bloß darauf, dass einer meiner Mandanten endlich seine Rechnung bezahlt, dann kann ich das Auto endlich reparieren lassen.«

»Was? So was Dickes?«

»Aber hallo!«, meinte die Anwältin. Dann drückte sie Michael Wiemer einen leichten Kuss auf die Wange und verschwand. Er folgte ihr ein paar Minuten später und hatte Glück: Er geriet in keine Kontrolle.

3.

»Samma, hass'de vielleicht 'ne Übernachtungsmöglichkeit für mich?«

Der Mann mit den schulterlangen grauen Haaren und dem strubbeligen, gleichfalls grauen Bart schien keine Antwort erwartet zu haben, denn er wandte sich gleich an den nächsten Gast der *KUKURUZ*-Kellerkneipe und stellte seine Frage erneut: »Du, samma, kann ich vielleicht heut Nacht bei dir pennen? Is' wirklich nur für eine Nacht, ehrlich.«

Aber auch dieses Mal hatte der Mann mit der Gitarre, der aussah wie ein alt gewordener Hippie, kein Glück. Er war offenbar jedoch Kummer gewohnt und schob sich weiter durch die dichtgedrängte Menge am Tresen, wobei er immer wieder sein Sprüchlein aufsagte. Es war für ihn ganz eindeutig nichts Ungewöhnliches, in dieser Kneipe die Gäste anzusprechen.

Der Mann mochte etwa Mitte vierzig sein. Er trieb sich jetzt bereits seit einer guten Stunde in der Kneipe herum, fiel aber, vielleicht wegen der vielen anderen etwas abgerissenen Gestalten, die sich hier aufhielten, wohl nicht weiter auf. Und auf seine trotz allem doch recht ungewöhnliche Frage reagierten die meisten Gäste so, wie sie auf die dunkelhäutigen Rosenverkäufer reagierten: mit einem mehr oder minder ungeduldigen Kopfschütteln oder einem leichten Wedeln der Hand, als wollten sie eine Fliege verscheuchen. Einigen Gästen des *KUKURUZ*-Kellers mochte man allerdings zugutehalten, dass sie die Frage des Mannes auch rein akustisch nicht verstanden, denn obwohl oder weil man sich hier in einer sogenannten alternativen

Umgebung befand – KUKURUZ bedeutete: *Kunst-, Kultur- und Umweltzentrum –,* herrschte in den verräucherten Keller- räumen ein musikalischer Lärm, dass manche Disco vor Neid erblasst wäre.

Der Mann trug neben seiner Gitarre noch einen gefüt- terten Parka von bundeswehrolivener Farbe, der beinahe genauso schmuddelig wirkte wie der Jägerrucksack auf seinem Rücken. Mit diesem eckte er überall an, hatte sogar einem der Gäste am Tisch unmittelbar vor dem Tresen beinahe die Brille von der Nase gefegt.

»Ei, samma, kenns' du vielleicht jemanden, wo ich heut Nacht bleiben kann? Is' wirklich nur für eine Nacht, ehr- lich.« Der Angesprochene, für diese Alternativ-Szene- Kneipe eine Spur zu gut gekleidet, stand vielmehr saß mit ein paar Leuten an einem etwas von der Theke entfernten Bierfass, das umringt von einigen Barhockern als Tisch diente. Auf dieses Bierfass hatte man zwecks Vergröße- rung der Abstellfläche eine dunkelbraune Holzplatte ge- setzt. Der graubärtige Mann wollte schon weiter, da das Gesicht des Angesprochenen mal wieder signalisierte: *Scher dich zum Teufel!* – Der Mann berichtigte sich in Gedanken. Vermutlich würde der feine Pinkel denken: *Lass uns in Ruhe!* oder etwas Ähnliches. Er bereute schon, ihm gegen- über einen etwas zu saloppen Tonfall angeschlagen zu haben, da sagte eine Frauenstimme auf einmal: »Du, bei uns sin' doch gerade die beiden Zimmer frei!«

Der Mann hatte sich bereits abgewandt, kehrte jedoch zurück und wäre dabei fast einem struppigen Etwas auf die Pfoten getreten, das zwischen den Beinen der anderen herumlag. Zum Glück hatte dieses Etwas die Geistesgegenwart, kurz vor dem schmerzhaften Fußtritt einen Rückzieher zu machen.

Der Graubärtige fasste die junge Frau gegenüber ins Auge. Sie sah zwar etwas schlampig aus, aber irgendwie bemerkte er, dass die Schlampigkeit gestylt war. Der schwarze Pullover, der ihr ziemlich weit über die nackte Schulter rutschte, bestand aus edler Wolle. Die dunkelbraunen, allerdings sehr lebhaften und gutmütigen Augen waren von einem schwarzen Strich umrandet, der ihnen vielleicht ein geheimnisvolles Aussehen verleihen sollte, im Endeffekt nur umso auffälliger werden ließ, dass um diese Augen eigentlich der Rahmen einer Brille gehörte.

»Was möchtest du damit sagen?«, meinte der Lange neben ihr, und dabei nahm sein Gesicht den Ausdruck eines Mannes an, der die Angelegenheiten der Welt im Allgemeinen und die der menschlichen Beziehungen im Besonderen restlos durchschaut hatte. Die beiden anderen Leute am Tisch, eine weitere schrill-bunt gekleidete Frau, nicht viel älter als die andere, sowie ein Mann, der sehr häufig an einem Mineralwasser nuckelte, erschienen dem Graubärtigen wie zwei nette, kleine Studenten, die womöglich Soziologie oder Psychologie studierten und glaubten, damit später die Welt beglücken zu können. Sein Hauptinteresse galt jedoch dem Gespräch, das der Lange und die gestylte Schlamp-Frau führten.

»...in allen Ehren«, sagte der Lange gerade, »aber Theater ist schließlich Theater und das, was wir vorhin gesehen haben, war zwar sehr edel, hat allerdings mit dem wirklichen Leben nun gar nichts zu tun. Das solltest sogar du wissen, Annette.« Er sah Annette vorwurfsvoll an. »Was ist zudem mit Brigitta?«

»Die is' doch gerad nich' da.«

Der Lange blieb skeptisch-abweisend. »Wenn sie jedoch heute schon zurückgekehrt sein sollte?«

Die Schlamp-Frau schien nachdenklich zu werden. Sie studierte eine Weile die vergammelten Theaterplakate an der Wand rechts von ihr und meinte schließlich: »Na ja, dann soll er halt auf 'm Flur pennen. Irgend 'ne Matratze wird sich schon finden lassen. Er hat doch 'n Dach über 'm Kopf nötig, das siehste doch.«

»Wie du meinst, Annette«, sagte der Jüngling und trank einen Schluck von dem Glas Orangensaft, das vor ihm auf der Tischplatte stand. »Ich habe alles dazu gesagt, was zu sagen ist, und werde mich weiter nicht mehr dazu äußern. Ich wünsche mir nur, dass ihr mir nachher keine Vorwürfe macht, wenn es Ärger geben sollte.«

»Das wird schon klargehen«, meinte die andere Frau und kippte den Rest Wein aus ihrem Glas hinunter. »Die Britta hätt' bestimmt nichts dagegen. Die is' nich' so.« Der Mineralwasser-Mann sagte bloß mit schleppender Stimme: »Ich könnt den Udo aber wirklich fragen. Das wäre gar kein Problem.«

Auf diese Bemerkung ging keiner der anderen ein.

»Klaro«, sagte die Schlamp-Frau mit Namen Annette stattdessen, »dann is' ja wohl alles geritzt, nich', Pummel?«

Zunächst fühlte sich der Graubärtige angesprochen, obgleich er alles andere als pummelig war, doch dann bemerkte er an ihrer Blickrichtung, dass sie anscheinend mit dem Etwas unter dem Tisch sprach. Das Etwas erhob sich, und es war eine schwarze Promenadenmischung, wie der Graubart in diesem Augenblick erkannte, die jetzt zu Annette hochschaute, mit dem Stummelschwanz wackelte und natürlich kein Wort verstand. »Also gut«, verkündete Annette. »Du...« Sie wandte sich an den Graubart. »...kanns' gleich mit uns kommen, wir wohnen ein bisschen draußen, aber wir fahren alle mit Ferdi hier zurück, nich', Ferdi?«

Der Lange hieß also Ferdi, vermutlich Ferdinand, und der Graubart hätte sich kaum einen unpassenderen Namen für ihn denken können – *wenn es denn so etwas wie passende oder unpassende Namen für Personen gibt*, fügte er in Gedanken hinzu.

»Das wird aber dann etwas eng werden.« Der Lange – Ferdi – versuchte es mit einem letzten, allerdings reichlich schwachen Einwand.

»Ach was«, entgegnete auch prompt Annette, »so weit is' es ja nun auch wieder nich', und außerdem... mit *deinem* Schlitten...«

Sie holte sich etwas Tabak aus einem Beutel, der offen vor ihr lag, dazu ein Blättchen, drehte sich rasch und geschickt eine Zigarette und zündete sie an. In diesem Augenblick sagte der Mineralwasser-Mann plötzlich: »Oh, schon fast zwölf!« und rutschte von seinem Hocker. Er trank das Glas leer und nahm sich seinen Aktenkoffer vom Boden. »Wir sollten besser aufbrechen. Ich muss morgen ganz früh zur Analyse.«

Die drei anderen rutschten ebenfalls von ihren Hockern, hatten also offenbar auch nichts dagegen zu gehen. Immerhin war die Luft im *KUKURUZ*-Keller mittlerweile reichlich vernebelt, nachdem noch etliche Leute mehr nicht hatten nach Hause gehen wollen und hereingeströmt waren. In dieser Atmosphäre, dachte der Graubart, hätte sich allenfalls ein Räucheraal oder ein tauber Stockfisch wohlgefühlt. Als Annette ihm eine Rauchwolke genau ins Gesicht pustete, musste er husten. Der Hund – Pummel – vollführte einen erschrockenen Satz, weil das böllernde Husten genau in eine Verschnaufpause der Lautsprecher gefallen war.

»Is' was?«, erkundigte sich Annette harmlos, und der Graubärtige warf einen verzweifelten Blick auf die silberfarbenen Entlüftungsröhren an der Decke, deren Querschnitt offenbar zu gering war, um die dicke Luft noch aufsaugen zu können. Er schüttelte den Kopf.

»Gut, dann lasst uns gehen«, meinte Ferdi und zog sich seine braune Lederjacke über, die bislang hinter ihm auf dem Regalbrett an der Wand gelegen und die Stöße von Info-Zetteln und Monatsprogrammen diverser Sächelener Kulturinstitutionen kräftig durcheinandergewirbelt hatte. Einer der Stapel, ein schlecht gelayouteter und noch schlechter kopierter Ankündigungstext des *Azi*, des *Autonomemzentrums Innenstadt*, für eine Demo geriet ins Rutschen, und weder Annette noch die schrill-bunt gekleidete Frau konnten verhindern, dass die Demo größtenteils zu Boden fiel. Sie ließen sie liegen, wo sie hingefallen war, und kämpften sich nach draußen.

Der Graubärtige folgte bescheiden hinterdrein und beugte sich zu dem Hund hinab. Der sah ihm ins Auge, und der Graubart meinte: »Du lebst ja vielleicht in einer Gesellschaft!«

Der Hund verstand natürlich wieder kein Wort, sondern wackelte bloß erneut eifrig mit dem Stummelschwanz.

Sie gingen über den geteerten Marktplatz, auf dem in Mikrobeeten etliche Bäumchen dahinkrankten, und bogen auf der Liebigstraße, an der *KUKURUZ* und *DANTE* –

Das Andere Theater – lagen, dem die vier wohl an diesem Abend einen Besuch abgestattet hatten, nach links. Es war, trotz des nasskalten Nieselwetters, noch immer einiges los auf Sächelens Straßen – *Studenten*, dachte Graubart. Wer sonst hätte zu dieser späten Stunde noch Zeit und Energie gefunden, von einer Kneipe zur nächsten zu ziehen? *Das ist heute offenbar noch genauso wie zu meiner Zeit.* Der Graubärtige hätte seine Überlegung beinahe laut ausgesprochen, doch dann nahm er davon Abstand, denn er wollte nicht erzählen, dass er die Stadt gut kannte, hatte er doch vor langen Jahren gleichfalls hier studiert. Nicht weit von der Stelle übrigens, wo sie sich gerade befanden.

Damals, als die alte *Chemie* noch stand... und drüben auf der anderen Seite der Straße der alte *Merseburger Hof,* ein Fachwerkbau, der der Betonkiste der Kreissparkasse Sächelen hatte weichen müssen. *Wenigstens das Gebäude der alten Klinik haben sie noch stehenlassen,* sah der Graubärtige. *Ob sie es inzwischen mal renoviert und einem neuen Verwendungszweck zugeführt haben?* Und dann überlegte er, ob die Stadt zu seiner Zeit eigentlich auch schon so uniform ausgesehen hatte. Zum Beispiel der Betonkasten da drüben. Er hatte – wie viele andere – der Stadt das Image einer Metropole verleihen sollen, trug jedoch im Endeffekt lediglich dazu bei, die Gegend ums Mullittor, das auch schon längst nicht mehr stand, endgültig zu verschandeln. Daran konnte auch der steinerne Löwe auf seinem hohen Podest nichts mehr ändern, der trotz seiner stattlichen Größe seine Funktion als Feigenblatt kaum erfüllen konnte und nur umso einsamer und verlorener wirkte.

Der Graubart warf einen kurzen Blick auf den Wall, und dann verzog sich sein Gesicht, als ob ihm eine unangenehme Erinnerung gekommen wäre. Auf der anderen Seite der großen Kreuzung, auf die sie jetzt zugingen, stand das *Neue Rathaus,* das aussah wie eine Rakete, die abgestürzt war und sich mit der Spitze tief in den Grund gebohrt hatte, sodass der Hauptantrieb jetzt wirkungslos in den Himmel ragte. Diese Rakete erdrückte beinahe völlig die Kaserne aus dem späten neunzehnten Jahrhundert, in der sich gegenwärtig ein Teil des Sozialamts befand, dem der Graubärtige am Morgen einen Besuch abgestattet hatte.

Sie überquerten die Kreuzung zur Moorhäuser Land-straße hin, wo auf dem Bürgersteig vor dem Neubau der Kreisverwaltung Sächelen Ferdis alter Mercedes-Diesel auf sie wartete. *Bis dass der TÜV uns scheidet,* prangte auf der Heckscheibe und deutete somit an, dass Ferdi nicht immer so fein tat, wie er normalerweise zu reden schien. Graubart verstaute Rucksack und Gitarre im Kofferraum und setzte sich zu den beiden bislang Namenlosen in den Fond.

Und dann röhrte der alte Wagen – nach der obligatori-schen Rudolf-Diesel-Gedächtnisminute – quer über die Straße. Sie fuhren stadtauswärts Richtung Mullit, einem eingemeindeten Vorort Sächelens. Graubart sah neben Annette, die auf dem Beifahrersitz saß, nach vorn hinaus. Ferdi fuhr zügig, aber die Verhältnisse auf der Mulliter Landstraße ließen das auch zu. Graubart überlegte, was für ein Bett ihn wohl in dieser Nacht erwartete. Er erhoffte sich etwas Besseres als die nasse Parkbank, auf der er die vergangene Nacht verbracht und von der ihn ein übereifri-ger Zeitgenosse am frühen Morgen vertrieben hatte.

Seine Gastgeber kamen ihm ziemlich abgeschlafft vor, aber er war froh darüber, nicht schon jetzt nach Woher und Wohin und Warum und Wozu ausgefragt zu werden.

Er fühlte sich müde, und ab und an überlief ihn ein Kälteschauer, als ob ihn endgültig die Erkältungswelle der ersten
Märztage erwischt hätte. Er hoffte, der Kelch würde an
ihm vorübergehen.

Nach gut fünfminütiger Fahrt hatten sie Alt-Mullit erreicht, bogen nach rechts in die Talgasse ab, ließen rechter
Hand Verwaltung und Zweigstelle der Stadtbibliothek
sowie linker Hand die Kirche liegen, bogen dann gleich
noch mal nach rechts in die Mittelstraße und dann gleich
noch mal rechts in die Bäckergasse ab.

Ihr Ziel war offenbar das Haus am Ende der Bäckergasse, und Ferdis Mercedes dieselte lautstark auf den kleinen
PKW-Abstellplatz links des mit grauen Eternitplatten ver-
blendeten, zweistöckigen Hauses.

Das Abstellen des Motors war für alle, auch für die Wa-
geninsassen, eine Erlösung, und Annette sagte auch hörbar
erleichtert: »So, da wär'n wir endlich.« Sie quetschten sich
wieder aus dem Wagen, Ferdi schloss rasch den Kofferraum auf, und Graubart holte seine Sachen heraus. Die
beiden bislang Namenlosen wohnten gleichfalls in diesem
Haus, allerdings auf der unteren Etage. Sie wünschten
einander im Chor: »Nacht!« und verschwanden in ihren
jeweiligen Wohnungen.

Annette schloss die Wohnungstür im ersten Stock auf
und ließ Ferdi, Graubart und Pummel vorgehen. »Rechts!«,
sagte sie, und Graubart öffnete die Tür zu einem winzigen
Zimmer, das im Wesentlichen aus einem Matratzenlager
bestand. Auf den Matratzen lag eine bunte Flickendecke,
die Flicken aus allen möglich und vor allem unmöglichen
Wollresten zusammengestrickt. Grau-blau-gestreift, grün-
rot-gepunktet, weiß-braun-längsgestreift, olivgrün uni, das

waren die ersten Flicken, die Graubart ins Auge fielen, nachdem er sich an das jähe Licht, das ihn zunächst geblendet hatte, gewöhnt hatte. Es dauerte dann noch einen Moment, bis er die Kommode links vor dem Fenster erkennen konnte, in der sich, wie ihm Annette gleich mitteilte, das Bettzeug befand. Er fragte sich, ob das vielleicht violett-himmelblau-indigo-eingekreist war. »Und hier sind Klo und Bad«, ergänzte sie und wies auf die andere Seite des Flurs. »Wenn du noch was essen willst... da ist die Küche. Nimm dir, was du brauchst. Der Kühlschrank steht hier, den haben wir in die Küche nicht mehr reingekriegt.«

Graubart war jedoch bloß müde. Er warf Rucksack und Gitarre auf den Boden vor das Matratzenlager und setzte sich. Die Matratzen waren alt und durchgelegen, und er konnte sich schon vorstellen, dass er wohl doch nicht so gut würde schlafen können, wie er es sich erhofft hatte. Aber bei Weitem besser als eine Parkbank im März mit einem Regenhimmel darüber wars allemal. Zu seinem Unmut war der Hund – Pummel, wie ihm nicht gleich hatte einfallen wollen – mit ins Zimmer gekommen, hatte sich aufs Bett gelegt und streckte jetzt alle viere von sich, wobei er gähnte, dass die Zähne blitzten.

»Der weiß, dass die Britta nich' da ist. Sonst darf er das nämlich nicht. Vor allem jetzt nicht, mit Jule. Wenn du willst, sperr ich ihn in ihr anderes Zimmer, da schläft er auch sonst immer.«

»Ja, gern«, meinte Graubart, und Annette zerrte die schwarze Promenadenmischung über den Flur, öffnete eine der Türen und schob den Hund ins Zimmer.

»Wie heißte denn eigentlich?«, wollte Annette wissen, als sie zurückkam.

»Alle nennen mich Graubart«, wich der Gast aus. »Ich hab' mich schon so daran gewöhnt, dass ich meinen richtigen Namen gar nicht mehr weiß. Wenn du magst, kannst du mich ruhig auch so nennen.« Er deutete auf die Tür, hinter der ein leises Winseln zu vernehmen war. »Gehört der Hund Britta?«

Annette nickte und fügte hinzu: »Na ja, eigentlich schon. Sie hat ihn mal irgendwo aufgesammelt. Aber da sie häufiger nich' da is', versorgen wir alle ihn, und so gehört er halt mehr zur Wohnung insgesamt als zu irgendeinem bestimmten von uns.«

»Und wo ist die Britta jetzt?«

Annette gähnte beinahe genauso breit wie zuvor der Hund. »Weiß ich nich' genau. Eigentlich ist sie nach Hannover gefahren, aber da is' sie weg, und seitdem hat sie sich nich' wieder gemeldet. Die Anwältin is' auch schon ganz hibbelig, die hat heut mindestens dreimal angerufen...«

»Was denn für eine Anwältin?« Graubart hoffte, dass seine jähe Besorgnis nicht zu sehr durchklänge.

»Ach«, wehrte Annette ab, »das is' 'ne lange Story, du, un' so genau weiß ich das auch nich'. Die Britta hat wohl ma' irgendwann irgendwelchen Scheiß gebaut. Ich verschwind ma' schnell, und dann kannst du ins Bad, wenn du willst.«

Graubart war sich nicht ganz sicher, ob Annette nichts weiter hatte sagen wollen, oder ob sie tatsächlich nichts wusste. Er selbst war natürlich froh, dass er das Bett heute Nacht benutzen durfte. Und schließlich konnte es ihm auch gleichgültig sein, was eine Anwältin von der Zimmerinhaberin wollte. Sie wollte ja nichts von ihm.

Ferdi war nach einem kurzen Badbesuch gleich im Zimmer nebenan verschwunden. Er hatte Graubart keines Blicks und keines Worts mehr für würdig befunden. Aber vielleicht war er auch wirklich völlig übermüdet, suchte Graubart ihn innerlich zu rechtfertigen. Während er darauf wartete, dass das Bad frei wurde, sah er sich um. Die Wände waren mit weißgestrichener Raufaser tapeziert, und jeweils links und rechts über dem Matratzenlager hing ein Poster: *»Erst wenn der letzte Baum gerodet / der letzte Fluss vergiftet / der letzte Fisch gefangen ist / werdet ihr merken / dass man Geld / nicht essen kann«,* verkündete der leicht vergilbte Indianer auf dem einen Poster, während ihm von der anderen Seite her Marilyn Monroe herausfordernd ins kühne Häuptlingsauge blickte.

Graubart zog aufseufzend die schweren Schuhe von den Füßen: schon wieder drei Löcher mehr in den dreckigen Socken, und die Ferse war auch schon wieder blutig. Er zog sich die Strumpftrümmer von den Füßen und stapfte übers Bett zum Fenster. Das Grünzeugs auf dem Fensterbrett sah leicht vertrocknet aus, als wäre es schon längere Zeit nicht mehr gegossen worden. Auf dem kleinen Regal rechts standen etliche Bücher. Graubart griff wahllos danach und hielt zunächst ein Buch von einem ihm unbekannt Carl Rogers in der Hand: *Der neue Mensch;* daraufhin eines von dem ihm gleichfalls völlig unbekannten Horst-Eberhard Richter: *Flüchten oder Standhalten;* schließlich noch eines mit dem Titel *Hilfen für das Unbewusste – Esoterische Weg der Selbsterfahrung.* »Reichlich abgedreht«, murmelte er in sich hinein, stellte die Bücher zurück und sah daneben zwei ganz andere Bücher liegen: *Unser Baby im ersten Jahr* und *Stillen kann jede.* Jetzt konnte Graubart sich auch erklären, wer Jule war und weswegen Sachen wie Babypuder, Babyöl und Waschlappen hinter dem Bett lagen. Was er allerdings vermisste, war ein Babybett oder so etwas wie eine Wickelkommode. *Wer weiß*, überlegte er, *vielleicht schläft die kleine Jule hier mit auf dem Matratzenlager und wird auch da gewickelt.* Denn für so ein Möbel war in diesem winzigen Zimmer nun wirklich kein Platz mehr. Außerdem brauchte es ihn nun auch nicht weiter zu interessieren.

Da Annette doch etwas länger im Bad benötigte, stöberte er weiter in dem Regal und entdeckte auf dem unteren Regalbrett völlig andere Bücher. Alte, abgegriffene Bände – *Lieselotte und Heinrich, eine Pferdegeschichte; Lotta auf dem Ponyhof; Tierarzt Dr. Anders;* und dann, ganz überraschend, ein schmales Bändchen vom Arbeitsamt zum Thema: *Studium der Tiermedizin.* Graubart wollte es schon herausziehen, da klopfte es an die Tür, und Annette rief: »Du kannst jetzt ins Ba-had!«

Obgleich er völlig müde und abgespannt war, ging Graubart unter die Dusche und wusch sich gründlich von Kopf bis Fuß. Er hoffte, dass er Annette nicht störte, aber zwischen deren Zimmer und dem Bad lagen noch das Klo und die Küche. Außerdem waren die Gelegenheiten, zu denen er eine warme Dusche benutzen konnte, auch nicht gerade zahlreich. Im Bad, über der Badewanne, sah er im Übrigen auch das, was er erwartet hatte: eine Wickelauflage.

Im Flur klebte eine scheußliche Sonnenblumentapete. *Vielleicht ein Sonderangebot vom Sperrmüll*, dachte Graubart. Er hatte jedoch keine Lust mehr, sich darüber weitere Gedanken zu machen, sondern drehte das Licht ab und schloss die Tür zu seinem – Brittas – Zimmer. Dort holte er den

Schlafsack aus dem Rucksack und breitete ihn über die Decke auf die Matratzen. Erst nachdem er sich hingelegt hatte, fiel ihm das runde Tischchen auf, das, von drei Stricken gehalten, unter der Decke schwebte. *Ganz praktisch*, überlegte er und wälzte sich hin und her. Er konnte längere Zeit nicht einschlafen, hörte von irgendwoher ein leises Ticken oder Klicken, als ob ganz versteckt im Zimmer ein Wecker tickte. Dann vernahm er plötzlich Schritte und schreckte bei dem Gedanken hoch, dass Britta zurückgekehrt wäre. Aber es war bloß Annette, die noch mal aufs Klo ging.

Schließlich schlief auch Graubart ein.

4.

Freitag

Das Telefon schrillte.

Graubart fuhr schreiend hoch.

Das Telefon schrillte aufdringlich – sehr aufdringlich sogar, fand Graubart, als er sich mühsam aus dem Bett wälzte. Er setzte sich auf, und da sich seine gesamte Umgebung rasend schnell vor seinen Augen drehte, dauerte es eine Weile, bis er wieder wusste, wo er sich befand. Er kam sich vor wie auf einer Achterbahn, die nicht nur rasant in die Tiefe stürzte, sondern dabei auch noch rotierte, mal nach links, dann wieder nach rechts, dann kopf-unter. Erst, als die Achterbahn einen kurzen Augenblick zum Stillstand kam, vermochte Graubart aufzustehen, konnte sich allerdings gerade noch rechtzeitig am Türrahmen festhalten, ehe ihn der nächste Schwindelanfall hätte umwerfen können. Eine heftige Erkältung, oder was immer es sonst sein mochte, hatte ihn erwischt. Das Telefon nahm darauf natürlich keine Rücksicht, sondern schrillte weiter – fünfmal, sechsmal, achtmal. Graubart hörte irgendetwas rauschen, dann wurde hastig eine Tür aufgerissen und jemand hob den Hörer ab und sagte: »Hallo?«

Es war die Stimme der Frau, die gestern Abend mit Ferdi, Annette und dem Mineralwasser-Mann zusammen im *KUKURUZ* gesessen hatte.

»Nein, die ist nicht da«, fuhr die Frau fort. »Nein, und ich weiß auch nicht, wann sie wiederkommt.« Eine Weile lang blieb es still, bis die Frau etwas erregter sagte: »Natürlich werd' ich ihr das ausrichten! Was glauben Sie eigentlich? Was soll das denn überhaupt?« Dann wurde der Hörer aufgelegt.

Graubart hatte sich während des Gesprächs so weit erholt, dass er die Türklinke zu drücken und die Tür zu öffnen imstande war. Im Flur stand tatsächlich die Frau von gestern Abend über das Telefontischchen gebeugt und kritzelte etwas nieder. Als Graubart die Tür schloss, fuhr sie sichtlich erschrocken hoch. »Ach, du bist's!«, sagte sie hörbar erleichtert. »Was ist denn eigentlich los mit dir? Du wolltest doch heute gleich wieder los?«

Graubart war verlegen. »Wie spät haben wir's denn?«, fragte er. Die Frau erwiderte: »Kurz nach elf. Die beiden mussten zur Uni, und nachdem sie dich einfach nicht wachgekriegt haben, haben sie mich gefragt, ob ich nicht nach dir schauen könnte.«

Nun wirkte die Frau verlegen.

»Versteh schon«, versuchte Graubart zu beschwichtigen. »Würd ja auch keine wildfremde Person allein in meiner Wohnung lassen, wenn ich eine hätte. Aber...« Er zögerte. »...ich schein echt krank geworden zu sein. Grippe oder so was.«

Die junge Frau wirkte auf einmal sehr besorgt. »Soll ich dir was aus der Apotheke besorgen? Oder einen Arzt holen?« Sie schien schon auf dem Sprung, hatte bereits die Hand auf die Klinke der Wohnungstür gelegt.

Graubart winkte müde ab. »Ach, lass nur! Habe ich früher auch schon ohne überstanden. Du weißt doch«, fügte er im schwachen Versuch zu scherzen hinzu, »ohne Arzt dauert 'ne Erkältung sieben Tage, mit Arzt eine Woche.«

»Wenn du so willst«, entgegnete die Frau in einem Tonfall, der irgendwie einstudiert klang und in dem ein Unterton mitklang von: *Aber gib hinterher nicht mir die Schuld, wenn's dir deswegen schlechter geht,* was Graubart verärgerte. Er wagte jedoch nicht, etwas in dieser Hinsicht zu äußern. Immerhin war er Gast hier. Geduldeter Gast.

Sie standen sich eine Zeit lang schweigend gegenüber. Graubart zählte die Sonnenblumen der Tapete, versuchte es zumindest, und die Frau wickelte die Schnur des Telefons um die Finger. Schließlich meinte sie: »Trotzdem Lust auf einen Kaffee?«

Graubart nickte, obgleich er sich lieber wieder zurück ins Bett begeben hätte. Er ging aufs Klo, und die Frau verschwand in der Küche. Während er pisste, überlegte er, was er jetzt wohl am besten täte. Eigentlich hatte er wirklich weiterziehen wollen, es hielt ihn nirgendwo lang, andererseits merkte er genau, dass er nicht weit käme, so krank, wie er sich heute fühlte. Er würde wohl nicht umhinkönnen, die Leute hier zu bitten, ob er nicht doch noch eine oder zwei Nächte hierbleiben könnte. Er fühlte sich alles andere als wohl dabei.

Als er die Küche betrat, hatte die junge Frau bereits zwei Becher auf den Tisch gestellt und hantierte an der Kaffeemaschine, die links neben dem Fenster stand. Draußen erblickte Graubart einige Bäume, dahinter eine weiter entfernt stehende Häuserfront. Der Regen hatte sich in der Nacht verzogen, die Sonne schien, und das Wetter war jetzt eigentlich gar nicht dazu geeignet, irgendwo krank im Bett zu liegen.

Die Frau goss ihm Kaffee ein, und obgleich sich Graubart so flau fühlte, nippte er doch dankbar an dem heißen Gebräu. Zu seiner Überraschung tat ihm der Kaffee gut. »Also«, begann er, »du wirst wahrscheinlich wissen wollen, wer ich bin und was ich so treibe. Letzteres kann ich gleich beantworten, denn ich bin auf Trebe, schon drei Jahre lang, und du tätest mir einen Riesengefallen, wenn du nicht weiter nachfragen würdest.«

»Wenn du es so willst«, meinte die Frau zum zweiten Mal mit eben jenem komischen Unterton, und Graubart war erneut verärgert. Er hob die Brauen und war drauf und dran, etwas zu sagen, schluckte seine Worte jedoch aus den gleichen Gründen wie zuvor wieder herunter.

Sie musste etwas bemerkt haben, denn sie ergänzte: »Weißt du, ich habe gelernt, auf die Wünsche und die Persönlichkeiten anderer Rücksicht zu nehmen, die anderen, gleich, wer sie sind, als Person zu achten, so, wie sie sind. Wenn du also meinst, dass das für dich das Beste ist, wenn du nichts sagen willst, so werde ich nicht weiter in dich dringen.«

Die redet ja fast wie aus einem Psycholehrbuch!, dachte Graubart. Er musterte sie jetzt mit etwas klarerem Kopf. Sie war klein, ein bisschen pummelig, hatte halblanges, rötliches Haar, und sie trug dazu ein Kleid, dessen Rot sich mit dem Rot ihrer Haare scheußlich biss.

»Ich heiße übrigens Charly. Eigentlich Charlotte, aber alle nennen mich Charly«, sagte sie.

»Und mich nennen alle Graubart«, erwiderte Graubart. Charly nickte. »Das hat mir Annette bereits gesagt. Hast du denn trotzdem halbwegs gut geschlafen? Ich meine, obwohl du dich so mies fühlst?«

»Danke der Nachfrage.« Graubart hatte nichts dagegen, zunächst ein bisschen Bla-Bla-Konversation zu treiben. »Hätte schlimmer sein können.« Er bemerkte erst, nachdem er ausgesprochen hatte, dass das eigentlich ein wenig beleidigend war, aber Charly bemerkte anscheinend nichts weiter. Graubart fühlte sich dennoch bemüßigt, seinen Fehler wiedergutzumachen. »Ich mein natürlich damit, dass ich mich halt ziemlich krank fühle, das hat nichts mit dem Zimmer zu tun...« Ihm fiel auf, dass Charly ganz woanders hinhörte, und als er innehielt, hörte er es auch: ein leises Winseln aus dem Nachbarraum.

»Pummel«, meinte sie und sprang auf. »Ich werd' ihn mal reinholen.« Graubart nippte erneut an seinem Kaffee und schaute sich weiter um. Arg groß war die Küche ja nicht, und der Schrank, so ein Möbel aus den fünfziger Jahren, echtes Holz, karierte Gardinchen hinter den Scheiben in den Mitteltüren, trug sein Übriges dazu bei, den Raum, in dem man sich bewegen konnte, nicht gerade zu vergrößern. Neben seinem Kopf hingen zwei Regale, auf denen allerlei Gewürze standen. Von der Decke hing eine Lampe, deren Schirm genauso blauweiß kariert war wie die Schrankgardinchen.

Die Tür öffnete sich und ein mittelgroßes, schwarzes Etwas schoss herein, hinüber zum Fenster. Das Etwas war Pummel, der sich sogleich gierig über das Wasser in seinem Napf hermachte. Er hatte Graubart beim Hereinstürmen keines Blicks gewürdigt, im Gegensatz zum gestrigen Abend. Das tat er dafür umso ausgiebiger, nachdem er den Napf leergesoffen hatte. Graubart wich etwas vor der aufdringlichen Schnüffelnase zurück. »Hol dir man bloß keine Grippe!«, sagte er. Charly zerrte die schwarze Promenadenmischung an ihrem Halsband zu sich herüber.

»Magst du keine Hunde?«

Graubart hob die Schultern. »Kommt drauf an... normalerweise schon, aber nicht, wenn ich krank bin.«

Während er sprach, streichelte sie Pummel. Der hatte sich auf die Hinterläufe niedergelassen und schaute erwartungsvoll zu ihr auf. »Nein, Pummelchen«, meinte sie, »die Britta ist noch nicht da...« Als Brittas Name fiel, wackelte der Hund noch eifriger mit dem Stummelschwanz.

»Wo ist die Britta eigentlich?«, fragte Graubart.

Charly sah ihn beinahe genauso prüfend an wie Annette, als er ihr diese Frage gestellt hatte. Dann nickte sie leicht. »Ich glaub, du bist trotz allem in Ordnung. Die Britta ist letztes Wochenende nach Hannover zu ihrem Freund gefahren. Außerdem hatte sie ein Ausbildungswochenende – GT, Gesprächstherapie. Die studiert nämlich Psychologie und muss nebenbei natürlich noch diverse andere Ausbildungen machen. Und da ihr Freund in Hannover wohnt, bietet es sich natürlich an, das auch in Hannover zu machen. Ich selbst mach das ja hier in Sächelen.«

»Du studierst auch Psychologie?«

»Theologie und Psychologie.«

Mit Letzterer hatte Graubart so seine Erfahrungen, hütete sich jedoch, etwas davon verlauten zu lassen, wie ihn dieser Typ da im Knast bearbeitet hatte. Er hatte auch keine Lust, ihr die obligatorischen Fragen zu stellen. Stattdessen sagte er: »Hätte denn Britta eigentlich nichts dagegen, dass ich hier so einfach bei ihr penne?«

Charly schüttelte den Kopf. »Glaub ich kaum. Sie kann zwar manchmal 'n bisschen komisch sein, aber im Grunde ist sie voll in Ordnung. Nee, ich denk sogar, wenn sie da wäre, hätte sie dir ihr anderes Zimmer überlassen. Und eigentlich wär' sie ja auch da, aber ihr scheint in Hannover was dazwischengekommen zu sein. Sie hat am Dienstag angerufen, dass sie später zurückkommen will als sonst.

Sonst kommt sie nämlich immer dienstags zurück, weil sie da Statistik hat, und da will sie normalerweise nicht fehlen. Statistik und Mathematik sind nicht gerade ihre starken Seiten.«

»Meine auch nicht«, sagte Graubart.

Charly lachte. »Und meine erst recht nicht. Ich hab' sowieso noch nie verstanden, was das bei so einem Studium, wo es doch um den Menschen geht, eigentlich soll. Ich mein, ist der Mensch in seiner Ganzheit eine berechenbare Maschine? Wenn man zu sich selbst kommen will, kann man das doch nur in der Auseinandersetzung mit anderen und nicht in der Auseinandersetzung mit Zahlen!«

Offensichtlich äußerst erregt trank sie einen Schluck Kaffee.

»Oder was meinst du?«

Graubart meinte gar nichts, sondern gab lediglich einen Laut von sich, den man als Zustimmung interpretieren konnte. Er fühlte sich wieder ziemlich elend und hätte sich am liebsten hingelegt. Stattdessen hielt er sich an seinem Becher fest.

»Ich möcht doch zu gern wissen, was der Typ, der da gerade angerufen hat, von Britta eigentlich will«, sagte Charly anscheinend völlig unvermittelt. »'n Bulle, du wirst lachen. Erst hab' ich gedacht, es wäre dieser andere Typ. Der ruft nämlich auch dauernd hier an und will was von der Britta. Außerdem unterstellt er uns offenbar, wir würden Britta nichts von seinen Anrufen sagen. Ich hab' ihm schon mehrmals gesagt, doch, die Britta weiß Bescheid, aber er ist ziemlich hartnäckig. Britta sagt auch nichts weiter, als dass das schon in Ordnung wäre.« Charlotte schüttelte den Kopf. »Dabei hat sie nun wirklich ganz andere Sorgen...«

Sie kam nicht dazu, von den anderen Sorgen zu berichten, denn sie wurde durch die Klingel an der Wohnungstür unterbrochen. Sie warf einen Blick auf die Uhr und meinte: »Wer kann das denn sein? Ferdi und Annette sind bestimmt noch in der Uni, und außerdem haben sie den Schlüssel mitgenommen...« Pummel war gleich zur Küchentür gelaufen und hatte die Ohren gespitzt. »Muss wer Fremdes sein«, meinte Charly, wie sie ihn da so stehen sah.

Sie lief hinaus, und Graubart hörte, wie die Tür geöffnet wurde. Hörte gedämpfte Unterhaltung, dann erschien eine jüngere Dame in der Küche, schick gekleidet, die bei seinem Anblick offenbar genauso erstaunt war wie er bei dem ihren. Die Dame war ihm durchaus sympathisch, obgleich ihn etwas an ihrem Verhalten an jemanden aus einer Zeit seines Lebens erinnerte, an die er nicht gerade gern zurückdachte. Er wartete beinahe darauf, dass die junge Dame sich ihm gegenüber niederlassen und zu ihm sagen würde: »Also, mit mir können Sie ganz offen reden: Was ist denn nun wirklich geschehen?«

Die Dame ließ sich jedoch links neben ihm nieder. Aber seine Vermutung, dass sie eine Anwältin war, wurde unmittelbar darauf von ihren Worten bestätigt. »Gestatten Sie, dass ich mich vorstelle. Mein Name ist Patricia Garden, und ich bin Brittas Anwältin. Eigentlich hatte ich geglaubt, alle Mitglieder der WG zu kennen. Sind Sie vielleicht ein Bewerber für jemanden hier, der ausziehen will...?« Sie zögerte mit der Frage, und Graubart wusste auch gleich, warum: Er sah kaum wie jemand aus, der an der Uni studierte und eventuell hier einziehen wollte, obwohl man da manchmal Gestalten traf, die sich zumindest äußerlich nicht mehr sonderlich von ihm unterschieden.

Graubart hüstelte verlegen.

»Nein, ich bin lediglich zu Besuch hier.«

»Ach so.« Sie schaute Charlotte an, die sich wieder an ihren alten Platz gesetzt hatte und jetzt erklärte: »Ja, also, das ist so. Der Graubart, der hatte gestern keine Wohnung, und da hat er halt im *KUKURUZ* rumgefragt, und da bei uns, vielmehr, bei Britta gerade, ich meine, weil Britta gerade nicht da ist, da haben wir uns entschlossen, ihn mitzunehmen. Und jetzt ist er halt krank geworden, und er kann nicht weg. Er hat ja eigentlich bloß 'ne Nacht bleiben wollen, nicht wahr, Graubart?«

Graubart nickte.

»Britta Sanders ist immer noch nicht da?«

Graubart wunderte sich über die Besorgnis, die aus ihrer Stimme klang. Er hätte nie gedacht, dass ein Anwalt sich um einen seiner Mandanten wirklich sorgen könnte... Auch da hatte er schon so seine Erfahrungen. Dann sah er noch mal hin. Oder machte sie sich gar nicht um ihre Mandantin Sorgen? Vielleicht war es nur so, dass sie sich um ihren Fall Sorgen machte. Ehrgeizig genug sah sie ja aus.

»Nein, Frau Garden.«

Charlotte schien nicht so beunruhigt zu sein wie die Anwältin.

»Aber Sie wissen doch, dass am Dienstag...« Sie hielt inne und warf erst Graubart, dann Charly einen Blick zu. Graubart war es mehr als offensichtlich ziemlich egal, was am Dienstag wäre, und Charly wirkte lediglich überrascht. Die Anwältin war sichtlich verlegen. »Na ja, also am Dienstag ist ein wichtiger Termin für Frau Sanders. Sie könnten mir – und natürlich auch ihr – einen riesigen Gefallen tun, wenn Sie versuchen würden, sie zu erreichen«, sagte sie.

Graubart war dieses Gespräch unangenehm. Er mochte es nicht, sich in Angelegenheiten einzumischen, die ihn absolut nichts angingen. Er mied krampfhaft den Blick der anderen, schaute überall hin: Aus dem Fenster, auf den Küchenschrank, auf die Pin-Wand über dem Tisch. Er war schon versucht, aufzustehen und zu gehen, da sagte die Anwältin: »Darf ich dann wenigstens einmal kurz einen Blick in Brittas Zimmer werfen, ob ich da vielleicht einen Hinweis...«

Charlotte stand sofort auf.

»Entschuldigen Sie«, meinte Graubart, »aber ich hab' bis gerade eben noch geschlafen.«

Die Anwältin schien sich an der leichten Unordnung im Zimmer nicht zu stoßen, sondern schaute sich bloß um. Schließlich entdeckte sie die Tischplatte an der Decke. »Ob da was drauffliegt?«

Sofort machte sich Graubart daran, die Knoten zu lösen, und ließ die Platte langsam und vorsichtig herab. Nichts. Die Anwältin wirkte enttäuscht. Sie wandte sich um und bat darum, auch das andere Zimmer sehen zu dürfen. Charlotte führte sie, begleitet von Pummel, hinüber. Graubart ließ sich auf dem Bett nieder. Er schaute müde über die leicht schaukelnde Tischplatte, und plötzlich kam es ihm so vor, als ob er etwas darauf entdeckt hätte: einige Kratzer, die nicht bloß zufälliger Natur waren. Er beugte sich vor und sah genauer hin. Es waren Buchstaben. Ganz deutlich. So, als wenn jemand etwas auf einen Zettel geschrieben und dabei ganz fest aufgedrückt hatte; als wenn dieser jemand äußerst erregt gewesen wäre.

63

»He, hallo!«

Charlotte und die Anwältin kamen sofort herüber.

»Hier!« Graubart wies auf die Buchstaben.

Die Anwältin sah gleichfalls genau hin. »Tatsächlich. Sieht aus wie Buchstaben.« Sie wandte sich an Charlotte. »Gibt es hier irgendwo eine Lupe?«

Sie überlegte, lief dann in Ferdis Arbeitszimmer und kehrte gleich darauf mit einer Lupe zurück. Die Anwältin beugte sich tief über das Tischchen, bat dann Graubart, die Lampe neben dem Bett über die Platte leuchten zu lassen, und sah nochmals genau hin. Dann holte sie erschrocken Luft. Charlotte fragte: »Was ist denn?«

Patricia Garden richtete sich auf und sagte: »Sehen Sie bitte auch mal hin.«

Jetzt beugte sich Charly über den Tisch und studierte eine Weile die zerkratzte Platte. Mehrmals schüttelte sie den Kopf, hielt die Lupe etwas weiter weg, dann wieder näher dran. Schließlich richtete sie sich auf und sagte: »Tut mir leid, ich erkenne da gar nichts. Was ist mit dir, Graubart, kannst du mal gucken?«

Obgleich Graubart sofort rasende Kopfschmerzen bekam, als er sich vorbeugte, verharrte er dennoch längere Zeit über den Kratzern. Zunächst sah es wirklich so aus, als ob es lediglich Kratzer wären, doch dann schälten sich aus dem Durcheinander Buchstaben heraus, und diese Buchstaben setzten sich zu einigen Worten zusammen.

Als er sich wieder aufrichtete, glänzte sein Gesicht schweißnass, und das nicht nur, weil er Fieber hatte. Auch er zog erschrocken die Luft ein und sah die Anwältin an, die ihn ihrerseits gespannt ansah. »Ich bringe ihn um?«, fragte er, und einen Moment lang hegte er die Hoffnung, dass er etwas falsch entziffert hatte. Patricia Garden nickte jedoch. »Ja, das habe ich auch daraus gelesen.« Sie sah von ihm zu Charlotte und wieder zurück.

Charly hatte ganz große Augen bekommen. »Ich bringe ihn um?«

Die Anwältin nickte. »Das habe ich daraus gelesen, und Sie offensichtlich auch, Herr...« Fragend sah sie Graubart an.

»Graubart«, meinte er. »Nennen Sie mich Graubart. Das tun alle.«

»Na gut. Was halten Sie davon? Wen könnte Britta Sanders damit gemeint haben?«

»Was ich davon halte?« Graubart hob die Schultern. »Gar nichts. Ich kenne sie ja überhaupt nicht.«

»Das ist doch völliger Blödsinn!«, fuhr Charlotte dazwischen. »Da steht, wenn überhaupt, bestimmt was ganz anderes. Britta und jemanden umbringen! Das ist völliger Blödsinn!«, wiederholte sie. »Die könnte keiner Fliege was zuleide tun! Sie haben sich bestimmt geirrt.«

Jetzt beugte sie sich nochmals über die Tischplatte und studierte die Kratzer noch länger als Graubart zuvor unter der Lupe. Dann richtete sie sich langsam auf, ganz bleich im Gesicht. »Unmöglich«, sagte sie, heftig den Kopf schüttelnd. »Ich hab's Ihnen doch schon gesagt, völlig unmöglich! Das muss was anderes zu bedeuten haben.« Und wie jemand, der sich selbst etwas einreden will, wiederholte sie: »Völlig unmöglich. Britta kann keiner Fliege etwas zuleide tun. Wen soll sie denn umbringen wollen? Das wäre lächerlich.«

»Das hätte ich ja gern von Ihnen gewusst«, meinte die Anwältin.

»Überhaupt sind das wirklich nur Kratzer«, erwiderte Charlotte fest. »Sie lesen da etwas hinein, weil Sie beruflich vorbelastet sind, das ist alles.«

Sie machte sich daran, das Tischchen wieder in die Höhe zu ziehen. Patricia Garden sah zu Graubart, aber der hatte die Augen halb geschlossen und hielt sich offenbar nur noch mit Mühe aufrecht. Sie war sich sicher, wirklich das gesehen zu haben, was sie gesehen hatte. Da Charlotte offenbar jedoch nicht bereit war, weiter über Britta zu reden, wandte sie sich zur Tür und sagte: »Tja, dann will ich wieder los. Tut mir leid, wenn ich Sie gestört habe. Sollten Sie allerdings doch etwas von Britta hören, so können Sie mich jederzeit anrufen. Hier ist meine Karte.« Und bei diesen Worten öffnete sie die Handtasche, die sie über der linken Schulter hängen hatte, und wühlte darin herum.

In diesem Augenblick sagte Graubart schwach: »Sag mal, Charly, hat da nicht vorhin jemand wegen Britta angerufen?«

Die Anwältin fuhr ebenso hoch wie Charlotte, die gerade mit dem letzten Knoten beschäftigt gewesen war. »Wann?«, rief Patricia Garden. »Wer?«

Graubart entgegnete: »Kurz bevor Sie gekommen sind, offenbar ein Mann, nicht? Jemand von der Polizei, wenn ich's richtig mitbekommen habe. Das übrige kann Ihnen wohl Charlotte besser erzählen.« Er tat einen Schritt auf das Matratzenlager zu und ließ sich zu Boden sinken. »Und entschuldigt, bitte. Ich kann einfach nicht mehr. Mir ist hundeelend. Ich muss was schlafen. Das wird das Beste sein.« Allerdings fühlte er sich nicht nur wegen der Erkältung so hundeelend, sondern auch wegen Charlotte. Die war rot wie eine Tomate geworden, und Graubart verfluchte sich, weil er sie so bloßgestellt hatte, und er nahm sich erneut vor, sich nicht mehr in fremder Leute Angelegenheiten zu mischen. Er war heilfroh, dass die Anwältin und Charlotte ihn jetzt allein ließen. Er legte sich hin, konnte jedoch nicht einschlafen, sondern horchte hinaus auf die Geräusche, die die beiden Frauen verursachten.

Patricia Garden hatte erst auf die Küche zusteuern wollen, aber Charlotte drängte sie mehr oder minder unauffällig zur Wohnungstür. Dabei sagte sie: »Stimmt, was der Graubart da gesagt hat. Aber das hat eigentlich gar nichts mit Ihnen zu tun. Die haben nur gesagt, dass es ganz dringend wäre. Und gefragt, wo Britta ist. Ich habe denen gesagt, das weiß ich nicht.« Und als die Anwältin bereits in der Tür stand, fügte die Studentin hinzu: »Ich habe erst gedacht, es wäre dieser andere Typ.« Dann wiederholte sie, was sie Graubart bereits gesagt hatte, woraufhin die Anwältin fragte:

»Und Sie haben nie nachgefragt, wer das war?« Ihre Stimme klang ein wenig entgeistert.

»Doch, doch«, erwiderte Charlotte pikiert. »Natürlich. Aber die Britta hat nie was sagen wollen. Nicht mal mir. Dabei hat sie mir sonst immer alles erzählt. Wir sind schließlich Freundinnen. Richtige Freundinnen«, betonte sie, und dann hörte Graubart, wie sich die Wohnungstür schloss.

Gleich darauf vernahm er ein Pochen an der Zimmertür und sagte: »Komm rein!«

Charly trat ein und sagte gleich: »Du, das war nicht besonders nett von dir!«

Graubart nickte. »Ja, tut mir auch leid, aber das ist mir gerade in den Sinn gekommen, und die Anwältin sucht die

Britta doch wirklich verzweifelt, da kann jeder Hinweis von Nutzen sein.«

»Ach, das meine ich gar nicht, das mit dem Telefongespräch. Aber dass du ihr recht gegeben hast mit den Kratzern da auf der Tischplatte. Das war nicht nett. Da war gar nichts zu lesen. Ihr beide habt euch da was eingebildet. Das waren wirklich bloß Kratzer. Schließlich ist die Platte schon alt, und ich weiß nicht, wie viele Leute sie schon benutzt haben. Da kommen leicht solche Kratzer zustande. Wie ich schon gesagt habe, dieser Anwältin ist ihr Beruf in die Quere gekommen. Die muss doch ständig irgendwelche Untaten wittern. Dass du allerdings ebenfalls... also, was soll ich denn davon halten? Was solltest du denn gegen Britta haben?«

Graubarts Kopf pochte wie ein Hammerwerk. Nur aus diesem Grund verzichtete er darauf, Charlotte eine angemessen scharfe Antwort zu geben, sondern sagte lediglich: »Tut mir leid. Aber ich glaub, ich hab' da wirklich diese Worte gelesen.«

»Nun ja, du bist ja auch krank«, meinte sie etwas versöhnlicher. »Wenn man Fieber hat, sieht man schon mal merkwürdiges Zeug. Das kenn ich. Das ist mir letzten Winter nicht anders ergangen. Da hab' ich mit hohem Fieber im Bett gelegen, und die Britta hat mir hinterher erzählt, dass ich ganz schön viel dummes Zeug geredet habe. Manches war schon richtig peinlich. Aber sie hat nichts weitererzählt. Kein Sterbenswörtchen. Wir sind schließlich Freundinnen, nicht wahr, und da tut man so was nicht.«

Graubart hatte erneut die Augen geschlossen. Im Augenblick interessierte es ihn nicht im Geringsten, was

Charlotte oder Britta betraf. Er spürte lediglich, wie ihn ein Kälteschauer nach dem nächsten durchlief, und sein einziger Wunsch war, dass sie ginge, damit er endlich schlafen könnte. *Wenn sie so einfühlsam ist, wie sie vorgibt zu sein*, dachte er, *hätte sie eigentlich schon mitbekommen sollen, dass sie im Moment hier völlig überflüssig ist.* Er war schon versucht, ihr das deutlich zu sagen, aber da hatte sie anscheinend doch begriffen, wie es um ihn stand, denn sie sagte: »Gut, du, dann lass ich dich jetzt schlafen. Ich bleib erst noch was hier oben, nicht, falls was sein sollte. Erhol dich gut!«

Sie ging, und Graubart seufzte dankbar auf. Irgendwie fand er ihre Gegenwart bedrückend, trotz der Nettigkeit und Freundlichkeit, die sie zu verbreiten suchte. *Oder gerade deshalb*, setzte er in Gedanken hinzu und merkte, dass er jäh wieder hellwach geworden war.

Er verschränkte die Hände hinter dem Kopf und sah zu dem Tischchen hoch, das wieder unter der Decke schwebte. *Ich bin doch nicht blöd*, überlegte er. Man musste zwar etwas genauer hinsehen, aber dann konnte man deutlich lesen, was er und die Anwältin gelesen hatten. Er senkte den Blick zu dem Regal hinüber, wo er gestern Abend die Bücher durchstöbert hatte. Ein Foto fiel ihm ins Auge, das er wohl übersehen haben musste. Er setzte sich auf, wobei sein Schädel erneut mächtig hämmerte, und griff hinüber. Das Bild zeigte ein offenbar zierliches Mädchen mit kurz geschnittenem, blondem Haar und einer langen, zu einem dünnen Zopf geflochtenen Strähne, vielleicht ein Überbleibsel aus vergangenen Langhaar-Tagen. Blaue Augen, ein paar Sommersprossen auf dem Nasenrücken, ein ziemlich breiter Mund, der fröhlich in die Kamera lächelte und in dem oben rechts eine größere Lücke zwischen zwei

Schneidezähnen zu erkennen war, was komischerweise überhaupt nicht störte. Sie trug eine weiße Bluse, keinen Schmuck, obgleich sich Graubart vorstellen konnte, dass ihr ein Paar Ohrringe vermutlich gut gestanden hätten. Er drehte das Bild um, und auf der Rückseite stand in sauberer, beinahe kindlicher Handschrift: *Brigitta Sanders.*

So also sieht sie aus, dachte Graubart, und aus einem Impuls heraus steckte er das Bild in seinen Rucksack, ehe er sich wieder ausstreckte und erneut zur Decke und zum Tischchen hinaufschaute. Das Tischchen stellte jäh etwas Bedrohliches dar, was nichts damit zu tun hatte, dass sich eventuell die Knoten lösen könnten und es ihm dann auf den Kopf fiele. Ihm war, als ob er durch die Unterseite hindurch diese Kratzer sehen konnte, die sich zu diesen seltsamen Worten zusammensetzten: »Ich bringe ihn um«. Diese Charlotte mochte ja, bewusst oder unbewusst, etwas blind sein, aber in einem musste er ihr recht geben: Auch er konnte das Foto nicht mit einer Person in Zusammenhang bringen, die irgendwelche Mordgedanken hegte. Hätte er es von jemand anderem gehört, so hätte er mit Charlotte in den Chor eingestimmt: Unmöglich!

5.

Eigentlich ist der Tag viel zu schön, um hier im Büro über den Akten zu hocken, dachte Patricia Garden, zumal es sich immerzu um dieselben Akten handelte und sie noch keinen einzigen Schritt weitergekommen war – und zumal es sich seit einigen Regenwochen um den ersten wirklich schönen Tag handelte. Sie mochte tun, was sie wollte – die Geschichte mit Britta Sanders ließ sie nicht los. Insbesondere nach der Entdeckung in dem Zimmer. *Ich bring ihn um!* Wen? Wen wollte Britta Sanders umbringen? Mit einem Mal kam ihr die Sache völlig lächerlich vor. Die Studentin war nicht der Typ, jemanden umzubringen, und Patricia Garden konnte sich auch nicht vorstellen, dass Britta auf jemanden einen derartigen Hass hätte entwickeln können. Die Eltern, den Vater? Dazu wusste sie trotz allem zu wenig von Brittas Vergangenheit. Ihren Freund? Aber mit dem kam sie, den Aussagen ihrer WG-Mitglieder zufolge, doch ziemlich gut aus... Die Anwältin bemühte sich, nicht aus dem Fenster in den Garten dahinter zu sehen... *Dort jetzt im Liegestuhl sitzen und dösen...* Sie riss sich zusammen. Außerdem wäre es dafür jetzt viel zu kalt und nass. Sie entschloss sich, es nochmals bei Brittas Eltern zu probieren, suchte eine Weile in ihrem Notizbuch, bis sie die Nummer gefunden hatte, und hob den Hörer, wählte jedoch erst einmal nicht.

Manchmal überfiel sie noch immer jene alte Scheu, die ihr in ihrer Anfangszeit so schwer zu schaffen gemacht hatte – wildfremde Leute anzurufen. Das Telefon stand neben dem großen, schweren Holzschreibtisch, hinter dem sie sich so gut verschanzen konnte, wenn ein etwas unangenehmer Mandant vor ihr auf einem der beiden harten Stühle mit der geraden, hohen Lehne saß. Sie hatte für ihre Mandanten ganz bewusst solch harte und unbequeme Stühle ausgewählt, hatte sie Michael Wiemer halb im Scherz einmal gesagt. »Damit die nicht so lange rumquasseln, sondern möglichst gleich zur Sache kommen und möglichst noch schneller wieder gehen.«

Der Lehrer hatte daraufhin gelacht und gefragt: »Gilt das auch für mich?«

Ohne zu zögern hatte die Anwältin geantwortet: »Wenn du als Mandant kommst – sicher.«

Woraufhin der Lehrer nochmals aufgelacht und gesagt hatte: »Das Modell muss ich mir merken – für Elternsprechtage.«

Patricia Garden wählte schließlich doch, wobei ihr auffiel, dass sie tatsächlich genauso aufgeregt war wie damals, als sie zum ersten Mal für einen Mandanten ein Gespräch geführt hatte. Es tutete im Hörer, fünfmal, sechsmal, achtmal. Niemand meldete sich, nicht einmal diese merkwürdige, so geheimnisvoll tuende Frauenstimme. Die Anwältin hielt den Hörer noch eine Weile in der Hand, ehe sie schließlich langsam auflegte. *Ich muss Michael Bescheid geben, vielleicht fällt ihm etwas ein*, dachte sie. Aber sie scheute sich, ihn erneut bei sich zu Hause anzurufen und vielleicht wieder seine Frau am Apparat zu haben. *Eine* Dosis ätzendes Gift pro Woche langte. Da fiel ihr etwas anderes ein.

Sie griff erneut zu ihrem Notizbuch und suchte den Namen Wiese, Ingo von. Wählte. Nach zweimaligem Tuten knackte es im Hörer, und eine weibliche Anrufbeantworterstimme sagte: »Guten Tag. Sie haben die Nummer der Praxis von Dr. Ingo von Wiese gewählt. Die Praxis ist zurzeit nicht besetzt. Wenn Sie eine Nachricht hinterlassen wollen, sprechen Sie bitte nach dem Signalton. In dringenden Fällen wenden Sie sich bitte an die psychologische Beratungsstelle der Universitätsklinik. Die Nummer lautet...« Zögernd legte die Anwältin auf. Sie sah auf die Uhr. *Machen Psychologen jetzt freitags auch schon am Mittag dicht?*, überlegte sie. *Oder hate Ingo gerade einen Patienten und kann deswegen keinen Anruf entgegennehmen?* Sie überlegte, ob sie nochmals anrufen und eine Nachricht hinterlassen sollte, entschied sich dann jedoch dagegen. Ingo könnte ihr mit Sicherheit nicht weiterhelfen, selbst wenn er etwas wusste. Immerhin unterstand er ebenso der Schweigepflicht, was seine Patienten betraf, wie sie in Hinblick auf ihre Mandanten. Zudem würde gleich einer dieser Mandanten kommen, ihr lieber, netter Freund, der Dichter, den sie in letzter Zeit sehr häufig vertreten hatte.

Seufzend holte sie seine Akte hervor und vergegenwärtigte sich die Sache. Immerhin angenehm, dass es diesmal lediglich um falschen Tapetenkleister ging. »Ich habe gleich den Walter hergeholt, und der kann dir genau bestätigen, dass die Tapete sich tatsächlich an mindestens drei Stellen gelöst hat.«

Es klingelte. Hans-Heino Plackat trat ein, selbstsicher wie immer, und setzte sich ihr gegenüber, wobei er sich die inzwischen leicht angegraute Künstlermähne aus dem Gesicht strich. Seine braune Kordhose beulte nach wie vor über den Knien, und das karierte, ungebügelte Hemd war auch schon seit mindestens zehn Jahren unmodern.

»Nun, wie steht's?«, fragte er, was allerdings lediglich als rhetorische Frage gemeint war, denn schon legte er ihr drei prall gefüllte Aktenordner auf den Tisch. Sie seufzte und griff nach dem ersten.

Noch fünf Mal im Laufe des Nachmittags, und nachdem sie Plackat endlich, endlich losgeworden war, telefonierte Patricia Garden wegen Britta Sanders herum. Griff abermals nach der Akte, so, als ob sie hoffte, entgegen jeder Einsicht etwas Neues zu erfahren. Draußen wurde es allmählich dunkel.

Während Patricia Garden allmählich über Brittas Akte verzweifelte, sie immer wieder wegstellen wollte und es dann doch nicht konnte, insbesondere, weil Hans-Heino Plackats Aktenordner die nächsten zum Durchsehen gewesen wären, betrat Michael Wiemer reichlich missvergnügt das *TOP*. Er hatte nach einer heftigen Auseinandersetzung seine Frau davon überzeugen können, dass er sich wirklich nicht *mit dieser Anwältin da* treffen wollte. Er stieß ein leises Gebet aus, als er den Vorhang beiseiteschob und automatisch zu ihrem Stammplatz hinüberschaute. Patricia war tatsächlich nicht gekommen. An ›ihrem‹ Tisch saßen vier Studenten, aber der Lehrer hatte keine Lust herauszufinden, worum es bei dem lebhaften Gespräch gehen mochte.

Er stellte sich an die Theke und wartete, bis die Bedienung – ein flotter Boy, der sich auskannte – nach seinen Wünschen fragte.

»Aber natürlich, machen wir doch sofort. Kann ich als Gegenleistung bitte zwoachtzig haben?« Unter anderen Umständen wäre Michael Wiemer vielleicht auf den betont lockeren Ton eingegangen, aber an diesem Abend ging ihm dieses Getue schlicht nur auf die Nerven. Er nahm das Wechselgeld genauso wortlos in Empfang wie einige

Minuten später das Pils und setzte sich an den großen, ovalen Tisch vor der Theke.

»Also, der Berni, der is' 'ne ganz große Flasche, den kannste in der Pfeife rauchen«, verkündete die dickliche Frau im grauen Kleid zwei Plätze neben ihm.

Der Lehrer erinnerte sich, sie schon ein paar Mal hier gesehen und ihr sogar zugewunken zu haben, konnte sich jedoch noch immer nicht entscheiden, ob die dicken Brillengläser daran schuld waren, dass die Frau nicht ›normal‹ aussah, oder das ganze Gesicht. Die beiden Leute neben ihr waren anscheinend in ein Gespräch vertieft, widmeten jedoch zumindest einen Teil ihrer Aufmerksamkeit der dicken Frau. Der eine war ein Mann mit Vollbart und ziemlich langen Haaren und wirkte auf den ersten Blick sehr gutmütig. Der andere, ein Dunkelhaariger mit Schnauz, war anscheinend Kettenraucher von Beruf. Er wars, der der Frau jetzt antwortete: »Na, na, Minchen. Das sagt man aber nicht.« Gleichzeitig winkte er mit der leeren Bierflache zur Theke hinüber und rief: »Harry, machst du mir noch ein Pils?«

»Aber klar, mach ich sofort!«, rief der Smarty hinter der Theke zurück.

»Nun, Minchen, wo brennt's denn?«

Michael Wiemer sah's voll Staunen, wie es dem Mann – *woher kenn ich den bloß*, schoss es ihm durch den Kopf – gelang, gleichzeitig mit der dicken Frau zu sprechen und dabei offenbar an etwas völlig anderes zu denken. *Das wär' was für die Schule*, überlegte er, während der Mann mit dem Schnauz sich eine neue Zigarette am Stummel der vorherigen anzündete. Die dicke Frau versuchte vergebens, ihn daran zu hindern.

»Du rauchst zu viel«, nuschelte sie. Michael Wiemer verstand sie nur deshalb, weil die nervtötende Disco-Musik aus den Lautsprechern gerade eine Pause eingelegt hatte. Der Lehrer hasste Disco-Musik. Er hasste auch Rockmusik, wie er überhaupt alle Musik hasste, die den Geräuschpegel eines Streichquartetts wesentlich überschritt. Entsprechend häufig war er daher vor seiner Heirat innerhalb Sächelens umgezogen, und ein weiterer Teil seines ständigen Streits mit seiner Frau bestand darin, dass er es nicht hinnehmen wollte, wie der neue Mieter unter ihnen dabei war, seine Wohnung zur Disco umzufunktionieren.

»Bring entweder ein bisschen mehr Verständnis für deine Mitmenschen auf, oder kauf dir Ohropax!«, hatte ihm Bernadette schon oft genug gesagt. Und nachdem er weder das eine noch das andere getan hatte, war er explodiert, als eines Abends auf seinem Kissen tatsächlich eine Schachtel Ohropax gelegen hatte. Der darauffolgende Krach hatte die Lautstärke der Disco-›Musik‹ – er konnte das nur in Anführungszeichen denken – beträchtlich überschritten...

Leider ließ einem die Wohnungssuche im studentisch und akademisch und aussiedlerisch hoffnungslos überbevölkerten Sächelen die Arbeit eines Sisyphos als geradezu angenehm erscheinen, und daher kam es – neben anderen, nicht unbedeutenden Gründen – *sehr* häufig vor, dass Michael Wiemer ins *TOP* entfloh. Dort überschritt die Musik normalerweise menschliche Maße nicht im Geringsten – ausgenommen natürlich an diesem Abend, an dem er sowieso schon schlechte Laune hatte.

Die Musik setzte mit unverminderter Lautstärke wieder ein – vermutlich war der Smarty hinter der Theke daran schuld, der seinerseits vermutlich nur deshalb hinter der

Theke stand, weil auch die Leute vom *TOP* endlich entdeckt hatten, dass es so was wie Yuppies gab, und sie sich deshalb dieser Klientel nicht völlig verschließen wollten. Dass die Yuppie-Zeit eigentlich schon längst vorüber war, würden sie, wie es in Sächelen üblich war, vermutlich erst in einigen Jahren entdecken... *Ein Glück*, dachte der Lehrer, *dass Patricia ein Gespräch dem gegenseitigen unmotivierten Anbrüllen durchaus vorzieht. Schade nur, dass sie meine Vorliebe für Streichquartette nicht teilt...*

»...und dann sagt er immer, er hätt' keine Zeit«, hörte Michael Wiemer die dicke Frau in die nächste kleine Pause hinein sagen.

»Tja, der hat jetzt eben viel um die Ohren«, erwiderte der Kettenraucher. Michael Wiemers Gefühl, ihn von irgendwoher zu kennen, ließ ihn nicht los, und plötzlich fiel bei ihm der Groschen. Das war ein Kollege von irgendeinem Gymnasium in Sächelen, den er mal bei einer Gewerkschaftsversammlung getroffen hatte. Beim ersten und zugleich letzten Besuch einer solchen Veranstaltung – Interessenvertretung hin oder her, das Gequassel dort war ihm zu sehr auf die Nerven gegangen, als dass er darüber hätte hinwegsehen und die *Sache* in den Vordergrund stellen können. Er erinnerte sich jetzt auch daran, wie ihm der Kollege in einer Raucherpause die Geschichte von dem Direktor erzählt hatte, der die Urkunde für langjährige Verdienste nur deshalb nicht hatte entgegennehmen können, weil sich in Sächelen niemand fand, der, wie in solchen Fällen vorgeschrieben, auf der Dienstleiter höher gestanden hätte. Und deshalb extra die mehr als hundertfünfzig Kilometer zur Bezirksregierung zu fahren – das war dem Direktor doch zu blöd gewesen.

Die dicke Frau unterbrach seine Gedanken. »Aber 'ne halbe Stunde könnt' der doch mal vorbeikommen. Selbst, wo er jetzt im Rat ist.«

Wumm-bumm-plumm! Die Lautstärke ging anscheinend sogar dem Kettenraucher auf die Nerven. Besonders jetzt, da der Langhaarige sich gerade verabschiedet hatte und er sich voll auf die Frau konzentrieren musste. Er winkte erneut zur Theke und brüllte dem Smarty etwas zu, woraufhin der die gläserne Tür vor dem Schränkchen öffnete, in dem die hauseigene Stereo stand, und an einem Knopf drehte. Entweder hatte der Smarty nur so getan, oder die Anlage war kaputt – Michael Wiemer jedenfalls konnte keine wesentliche Veränderung der Lautstärke feststellen, obwohl der Schnauz anscheinend zufriedengestellt war. »Was ist denn nun mit dem Bernhard?«, fragte er hörbar ungeduldig und so laut, dass Michael ihn gut verstehen konnte.

Bernhard? Ratsherr?

Plötzlich fiel bei ihm der nächste Groschen. Gemeint war – kaum zweifelhaft – sein Kollege von der Grundschule, Bernhard Gerber, der ihn am letzten Testtag so schmählich im Stich gelassen hatte. Gerber war nach der letzten Kommunalwahl für die SPD in den Rat gekommen. Michael Wiemer musste unwillkürlich grinsen. Wenn die dicke Frau *den* meinte, dann wusste er genau, warum der nie Zeit hatte. Diese alten, vielmehr jungen Sozis! Spät-68er, während der Studentenzeit taten sie wahnsinnig engagiert, vor allem für die sozial Schwächeren, und dann plötzlich – man wusste nicht so recht, wie – waren sie ein hohes Tier in der Lokalpolitik! Michael Wiemer hatte sogar schon Gerüchte gehört, denen zufolge Gerber sein politisches Dasein durchaus nicht im Neuen Rathaus zu Sächelen zu beschließen gedachte. *Wenn das stimmen sollte, dann kann ich natürlich auf ehemalige soziale Vorstellungen – Verstellungen – und Kontakte keine Rücksicht mehr nehmen,* dachte der Lehrer grimmig. Vermutlich handelte es sich bei der dicken Frau um eine seiner Alibi-Sozialschwachen, um die er sich in seiner Frühzeit als Politiker immer so gern gekümmert hatte, die am Ende lediglich jedoch als Trittbrett für den Karrierezug gedient hatten.

Der Lehrer stand jäh auf und bestellte an der Theke eine Flasche Pils. »Machen wir doch sofort«, sagte der Smarty, und Michael Wiemer entfuhr: »Kann auch unsofort sein, solange es nur ein Bier ist.«

Der blonde Smarty war offenbar so irritiert, dass er eine Weile mit der Bierflasche in der Gegend herumstand und offenbar überlegte, ob er sie nun öffnen sollte oder nicht.

»Bitte!«, meinte Michael Wiemer und wies auf das abgezählte Geld, das bereits auf dem Tresen lag. Seine Laune war beträchtlich gestiegen, als er sich mit der Flasche in der Hand an den Tisch zurücksetzte.

»So, Minchen, ich muss jetzt nach Hause«, sagte der Kettenraucher gerade und erhob sich. Er winkte dem Smarty hinter der Theke zu und rief: »Tschüss allerseits!«, woraufhin der Theken-Smarty seine normale Verfassung zurückgewann. »Tschüss, Manni!«, rief er zurück und winkte, als wär's ein Abschied für immer. Oder doch für längere Zeit.

Die dicke Frau äugte umher und suchte ganz offensichtlich einen neuen Gesprächspartner. Einen kurzen Augenblick war Michael Wiemer versucht, sich an einen anderen Tisch zu setzen, dann jedoch schlug das eigene soziale

Gewissen, und er blieb sitzen, mied allerdings krampfhaft den Blick der Frau.

»Hallihallo!«, rief ein Langer, Dünner, mit Vorne-Kurz-Hinten-Lang-Frisur und Ring im linken Ohr. »Na, Minchen, wieder auf Sauftour?« Die dicke Frau grinste und gab dem Dünnen einen Stoß. »Eh, du, ich sauf doch nich'.«

Der Dünne sammelte die leeren Flaschen vom Tisch und meinte: »Minchen, Minchen, also, wenn ich mir so die Strichlisten der letzten Wochen ansehe...«

Natürlich spaßte der Dünne, der offenbar zur Thekenbesatzung gehörte und gerade seinen Dienst angetreten hatte. Michael Wiemer war, vielleicht auch wegen des Biers, gerührt von der Nettigkeit des Dünnen, der auch im Weiteren die nicht ganz ›normale‹ Frau genau wie jeden anderen Gast behandelte. Gleich darauf beging er seine nächste gute Tat: Er schaltete die Musik ab. Sofort wurde das *TOP* in Michael Wiemers Ohren wieder menschlich. Und als der Dünne, obgleich nur ganz kurz und offenbar aus Versehen, das *Kaiserquartett* auflegte, entspannte er sich völlig und stellte leicht belustigt fest, dass er es fertigbrachte, der dicken Frau in die Augen zu sehen. Dass sie das als Aufforderung zum Gespräch betrachtete, störte ihn nicht mehr im Geringsten.

»Du sitzt doch sonst immer da drüben«, nuschelte die Dicke und zeigte zu dem Tisch neben dem Fenster mit dem zurückgeschobenen, schwarz lackierten Gitter hinüber, dem Notausgang. Der Lehrer war überrascht. »Woher weißt...«, er zögerte kurz, »...du das denn?«

»Ich hab' dich schon oft hier gesehen, du bist doch fast immer zusammen mit dieser netten Dame. Warum is' die denn heut nich' da?«

»Die muss arbeiten«, erwiderte er und wandte sich ihr völlig zu. Sie wirkte in der Tat nicht ›normal‹ – was auch immer das heißen mochte –, hinzu kam, dass ihr Körper ziemlich verkrümmt war und sie offenbar nicht alle ihre Bewegungen unter Kontrolle hatte. Wie er ihr ansah, kostete es sie sehr viel Konzentration, das Bierglas zu ergreifen und zu trinken, ohne etwas zu verschütten. *Das ist eine Leistung*, dachte er anerkennend, als sie das Glas endlich abgesetzt hatte. Sie hatte es leergetrunken und lenkte schließlich erfolgreich den Blick des Dünnen auf sich.

»Minchen, Minchen«, sagte der, scheinbar bekümmert. »Das weiß ich aber nicht, ob ich dir noch was geben kann...«

Minchen grinste breit und sagte etwas lauter und deutlicher: »Ach du, tu doch nicht so!«

Ein Ritual, überlegte der Lehrer. Er grinste seinerseits und nahm einen kräftigen Schluck aus der Flasche. Minchen schenkte ihm wieder ihre Aufmerksamkeit.

»Was muss die denn arbeiten?«

»Die muss noch ein paar Akten lesen, weil sie demnächst zu einer Verhandlung muss.« Warum rede ich so zu ihr wie zu einem Kind? Er ärgerte sich über sich selbst.

»Is' die beim Gericht?«

»Nein, sie ist Rechtsanwältin, und sie hat demnächst einen ganz schweren Fall.«

Er wunderte sich trotz allem darüber, dass sie ihn verstand. Auf den ersten Blick hätte er ihr nicht einmal zugetraut zu wissen, was denn ein Gericht überhaupt wäre, und er wurde gegen seinen Willen rot.

»Ein Pi-hils!«, rief der Dünne in den Raum, woraufhin sich am Nachbartisch jemand erhob und zur Theke ging.

»Die is' Rechtsanwalt? Dabei sieht die doch so nett aus.«

»Na ja«, meinte der Lehrer ein wenig – für Patricia – beleidigt. »Mit irgendwas muss sie sich doch ihre Brötchen verdienen. Aber sie ist wirklich sehr nett, und sie setzt sich auch immer für die Leute ein, die das verdienen.«

»Is' sie in der SPD?«

»Was?« Michael Wiemer war verblüfft. Was hatte das denn mit der SPD zu tun?

»Ich bin nämlich in der SPD. Der Berni übrigens auch. Und wir haben nächste Woche eine große Feier. Da fährt mich die Carola hin und holt mich auch wieder ab.«

Minchen war offensichtlich stolz darauf.

»Aha«, sagte er, weil er den Eindruck hatte, etwas sagen zu müssen.

»Bist du denn nich' in der SPD?«

»Nein«, entgegnete er. »Ich bin in überhaupt keiner Partei.«

»Das is' aber nich' gut. Du solltest in der SPD sein. Die tun nämlich was für uns.«

Tatsächlich?, dachte er Lehrer, hütete sich jedoch, seine schweren Zweifel laut auszusprechen. Das hätte unter Umständen zu einer Diskussion geführt, zu der er sich nicht mehr in der Lage fühlte und die er auch gar nicht führen wollte.

Dann erhob sich die dicke Frau plötzlich und reichte ihm den Arm. Erst wusste er nicht genau, was er tun sollte, schließlich begriff er, dass er sie zur Toilette begleiten sollte. Minchen stützte sich schwer auf seinen Arm. Sie schoben sich durch die inzwischen dichtgedrängte Menge am Tresen vorüber in den Korridor, wo sich die Toiletten befanden. Die waren zumindest bei den Herren so eng, dass man, wenn man vor dem einen Becken stand, ständig die Tür ins Kreuz bekam, wenn jemand dazustoßen wollte. Hatte man das glücklich überstanden, so widerfuhr einem gleiches vor dem Waschbecken. Nur dass man die Tür hier nicht ins Kreuz, sondern an die rechte Körperseite gerammt bekam. Im Grunde war es ein reines Wunder, dass sich da noch niemand ernsthafte Schäden zugefügt hatte.

Vor der Tür zum Frauen-Klo löste sich Minchen aus seinem Arm, und der Lehrer studierte eine Weile die Veranstaltungs-Ankündigungen und –Besprechungen, die gegenüber an einer Pinwand angeheftet waren. Die Ankündigungen hatte ein Anhänger der *kleinschrift* verfasst, was Michael Wiemer persönlich einfach nur saudoof fand. Natürlich wäre sie gerade für seine Schüler bedeutend leichter zu erlernen, und er hatte schon oft im Kollegenkreis darüber diskutiert, wie es wäre, wenn es diese elende Groß- und Kleinschreibung im Deutschen nicht gäbe. Zu einem eindeutigen Ergebnis waren sie allerdings nie gekommen, und es wäre ja auch sowieso gleichgültig, wenn sie zu einem Ergebnis gekommen wären, überlegte er und sah sich die nächste Ankündigung an. Ein Schreibseminar wurde angekündigt, und er überlegte, ob er da nicht mal einige der älteren Schüler hinschicken könnte, die nach wie vor eine sehr eigenwillige Auffassung der deutschen Rechtschreibung und Grammatik hatten, obgleich er sich natürlich völlig darüber im Klaren war, dass damit etwas völlig anderes gemeint war.

Ein Konzert mit Streichquartetten wurde allerdings nicht angekündigt, und daher wandte er sich uninteressiert ab und wartete allmählich ungeduldig auf Minchen. Er fragte sich, ob sie wohl allein zurechtkam, aber wenn nicht, hätte sie bestimmt was gesagt.

In seine Überlegungen hinein hörte er plötzlich eine Frauenstimme sagen: »Kannste nich' woanders hinglotzen, du Ficker!« Und ehe ihm recht bewusst geworden wäre, was eigentlich los war, waren die beiden bereits an ihm vorübergerauscht. Erst im Nachhinein wurde ihm klar, dass er die beiden Frauen drinnen am Tisch gleich hinter dem Eingang längere Zeit angestarrt haben musste, ohne es zu merken. *Ach du meine Güte*, dachte er halb verärgert, halb belustigt. *Hoffentlich habe ich jetzt nicht einen weiteren Buttersäure-Anschlag provoziert!* So, wie die beiden ausgesehen hatten, konnten sie sehr gut zur *AFP, der Aktionsfront Frauen-Power,* gehören, die vor einiger Zeit das *TOP* mit dem stinkenden Zeug verseucht hatte. Die Kneipe hatte daraufhin eine gute Woche schließen müssen. Er erinnerte sich noch an das Flugblatt, auf dem die Frauen behauptet hatten, dass *frau* auch im *TOP* *angestarrt, angemacht* und *angegrabscht* wurde, natürlich von den prinzipiell bösen Männern. Über diesen Anschlag waren nicht nur etliche Gäste, sondern auch die Leute von der Thekenbesatzung im wahrsten Sinn des Wortes stinksauer gewesen. Letztere hatten daraufhin ihrerseits ein Flugblatt verteilt, auf dem – völlig zu Recht – gesagt wurde, dass es in Sächelen weiß Gott ganz andere Anmacher-Kneipen gäbe und die Verursacherinnen des Ganzen aufgefordert wurden, sich mit der Thekenbesatzung zusammenzusetzen. Gehört hatte man von denen, seines Wissens nach, nie mehr was. *Ja*, dachte er, *das war noch vor meiner Zeit mit Patricia...*

In diesem Augenblick öffnete Minchen die Tür zum Frauen-Klo und unterbrach seine Erinnerungen. Sie hakte sich wieder bei ihm ein und ließ sich an ihren Platz zurückführen. Michael Wiemer schwitzte etwas, weil er bemerkte, dass sich etliche Leute äußerst interessiert nach ihnen umsahen. Zum Glück war keiner dabei, den er kannte. *Da hat der Pfadfinder mal wieder seine tägliche gute Tat vollbracht*, dachte er, als Minchen auf ihren Stuhl plumpste. Er selbst ließ sich erleichtert in den seinen zurücksinken.

Minchen ergriff das Glas, das der Dünne inzwischen an ihren Platz gestellt hatte, trank einen Schluck und erzählte weiter. »Also, ich wollt mich ma' beim Berni beschweren, weil, da sind schon wieder Sachen weggekommen. Drei Nachthemden! Und ich hab' vorher alles genau gezählt. Aber die halten mich ja alle für bekloppt. Dabei sin' die selber bekloppt. Die kannnste doch alle in der Pfeife rauchen!« Sie tippe sich unbeholfen an die Stirn. »Ich hab' mich schon bei der Frau Doktor beschwert, aber die tun ja nichts da. Letztes Mal zwei Handtücher. Einfach verschwunden. Und keiner hat sich drum gekümmert. Als ob die da im Heim zu viele davon hätten. Jetzt will ich den Berni anrufen, damit der denen mal ordentlich Bescheid sagt.«

Einfach verschwunden, wiederholte der Lehrer innerlich, *und keiner kümmert sich drum*. Unwillkürlich war ihm bei diesen Worten Britta Sanders eingefallen, um deren Verschwinden sich außer ihm und Patricia offenbar auch niemand sonderlich sorgte. Im Übrigen hatte er natürlich keine Ahnung, wovon die dicke Frau eigentlich sprach. Es hörte sich so an, als ob sie in irgendeinem Heim untergebracht wäre und dort nicht übermäßig gut behandelt würde. Laut sagte er: »Ach, weißt du, das ist alles noch gar nicht so schlimm. Ich such' nämlich gerade 'ne Frau, die auch spurlos verschwunden ist.«

Minchen horchte interessiert auf. »Deine?«

Der Lehrer musste lächeln, obgleich er sich darüber ärgerte, dass er mal wieder zu viel ausplauderte. »Eine Studentin. Britta heißt sie.«

»Was studiert die denn?«

Michael Wiemer zögerte einen Augenblick lang. Aber dann sagte er sich, er habe schon so viel ausgeplaudert, dass es nichts weiter schaden könnte, den Rest auch noch zu erzählen.

»Psychologie, glaub ich.«

Die dicke Frau nickte. »Wenn du meins, kann ich ja mal die Carola fragen. Die is' nämlich Psychologin hier anner Uni. Vielleicht kennt die ja die Britta.«

»Sanders«, fügte er hinzu. »Britta Sanders.«

»Gut, ich werd' die Carola fragen. Aber die kommt erst am Mittwoch. Macht das was? Du kanns mich gern anrufen. Ich hab' nämlich vor drei Wochen Telefon gekriegt. Hier, hier is' meine Telefonnummer.« Sie nestelte ein Stück Papier aus ihrer Handtasche und reichte es ihm. Wilhelmine Müller, so hieß sie tatsächlich, und darunter stand eine Telefonnummer, die darauf schließen ließ, dass sie irgendwo Richtung Mullit oder Grünhagen wohnen musste.

»Okay«, sagte der Lehrer. »Ich ruf dich dann an.«

»Aber ganz bestimmt!«, sagte Minchen und stand plötzlich auf. Sie humpelte hinter die Theke, hob den Hörer des Telefons, wählte und verlangte ein Minicar. Nachdem sie zum Tisch zurückgehumpelt war, trank sie das Glas leer und forderte dann den Lehrer auf, ihr in den Mantel zu helfen. Während er ihr die Ärmelöffnung hinhielt, sagte sie noch einmal: »Aber ganz bestimmt anrufen, ja?«

Er versprach es ihr.

Bald darauf betrat der Fahrer die Kneipe, sah Minchen und hielt ihr sofort den Arm hin. Offenbar kannte er sie bereits.

»Tschüss dann!«, rief Minchen, schwenkte ihre Handtasche und verschwand mit dem Fahrer nach draußen.

Mittlerweile war das *TOP* beinahe überfüllt. Die Leute standen in Dreierreihen vor der Theke und warteten auf ihre Getränke. Sowohl der Smarty als auch der Dünne liefen zu Hochtouren auf – mussten es notgedrungen. Der Lehrer beneidete im Moment keinen von beiden, zumal sie zwischendrin immer wieder Baguette-Bestellungen in die Küche draußen durchgeben und Flaschen und Gläser von den Tischen einsammeln mussten. Er trank seine Flasche leer, stellte sie zwischen den Leuten durch auf die Theke und ging dann gleichfalls.

Im Hausflur vorn blieb er noch eine Weile vor dem Anschlagbrett stehen und betrachtete die vielen Plakate, Zettel und Zettelchen, die dort angeheftet waren. Nicht wenige Christianes, Rolfs oder Gerds suchten eine Bleibe, und dass es in einer Selbsterfahrungsgruppe – »Wie erlebe ich mein Mann-Sein?«, melden bei Peter – noch freie Plätze gab, nutzte da vermutlich sehr wenig.

6.

Obwohl der Parkplatz mit seiner berüchtigt engen Einfahrt auf der anderen Seite des Hauses lag, erwachte Graubart, als Ferdis Mercedes sich auf den Weg in die Stadt
begab. Das konnte doch nicht bloß am Motor liegen, überlegte er, da musste auch noch was mit dem Auspuff nicht
in Ordnung sein. In seinem Kopf dieselte es gleichfalls
lautstark, und das ließ sich leider nicht so einfach abstellen.
Er wälzte sich mühsam vom Matratzenlager und erhob
sich noch mühsamer. Wiederum hatte er in der Nacht
wirres Zeug geträumt, wobei eine schmächtige, kurzhaarige
Frau eine wichtige Rolle gespielt hatte, welche, wusste er
jetzt nicht mehr. Er zog sich rasch Hemd und Hose über,
schlüpfte in die Strumpftrümmer und ging aufs Klo.

In der Wohnung war es völlig still, offensichtlich war
auch Annette mitgefahren. *Einkaufen vermutlich*, dachte
Graubart nach einem kurzen Blick in den Kühlschrank, in
dem sich eine Käserinde mit noch was Käse dran langweilte. Er seufzte auf, nicht über den traurigen Anblick, sondern weil der Dieselmotor in seinem Kopf seine Drehzahl
mächtig erhöht hatte. Graubart ging in Brittas zweites
Zimmer, weil von dort ein leises Schniefen ertönte.

»Na, Pummelchen«, sagte Graubart und vergaß einen
Moment die eigenen Kopfschmerzen. »Haben sie dich
allein gelassen?« Der Hund hob kurz den Kopf von den
Pfoten und wackelte ein paar Mal schwach mit dem
Stummelschwanz. Graubart ließ sich neben ihn auf den

Fußboden nieder und streichelte über den schwarzen Kopf.

»Du hast ja vielleicht ein Frauchen, was?«, sagte er. »Fährt weg und meldet sich einfach nicht mehr.« Er dachte kurz an die Bücher in Brittas Zimmer. »Vielleicht hat sie ja unterwegs ihr wahres Selbst gefunden«, fuhr er fort. Der Hund hatte aufgehört zu schniefen. »Und das liegt vermutlich nicht hier«, redete er weiter vor sich hin, während er die Apfelsinenkistenregale an den Wänden musterte. »Sieht auch alles wie improvisiert aus, als ob sie gar nicht auf Dauer hierbleiben wollte. Oder sie hat nicht viel Geld, um sich besser einzurichten«, stellte er halblaut fest.

Der Klang seiner dunklen Stimme beruhigte den Hund offenbar, und er drückte sich jetzt fester an Graubart und wollte offenbar weiter gestreichelt werden. Graubart kraulte ihm den Hals.

»Hab' auch mal 'n Hund wie dich gehabt«, sagte er. »Is' aber schon 'ne halbe Ewigkeit her. Is' von irgend so einem wild gewordenen Autofahrer über'n Haufen gefahren worden. Der Kerl hat noch nich' mal den Fuß vom Gas genommen, als er an mir vorbeigerauscht ist. War 'n altes Arsch, was, Pummel?«

Irgendwo im Haus knallte eine Tür oder ein Fenster, und Graubart fuhr genauso zusammen wie der Hund.

»Ich glaub', hier könnt man übrigens auch mal ein Fenster aufmachen, nich'?« Graubart erhob sich und stellte zu seiner Zufriedenheit fest, dass dem Dieselmotor in seinem Kopf doch allmählich der Sprit ausging. Er langte an der Holzplatte vorbei, die als gleichfalls improvisierter Schreibtisch diente, zum Fenstergriff. Die Luft draußen war im Vergleich zu den vergangenen Tagen recht warm, und als er sich aus dem Fenster beugte, sah er im Garten um die Ecke schon ein paar knospende Weidenkätzchen. Direkt vor sich erblickte er eine vergammelte Holzwand, vielleicht die Rückwand eines nachbarlichen Schuppens. Vor dieser Wand lümmelten sich in einem Ständer ein paar Fahrräder, die auch nicht mehr allzu neu aussahen. Graubart genoss eine Weile lang die frische Luft, die dem Motor in seinem Kopf nun endgültig den letzten Schwung nahm.

Pummel hatte sich neben ihn gestellt und sah bittend hoch. »Haste Hunger, Kleiner?«, fragte Graubart hinunter, und Pummel wackelte eifrig mit seinem Stummel. »Is' aber nix da«, fuhr er fort, »wirst dich also noch 'ne Weile gedulden müssen, bis deine hohen Herrschaften wieder zurück sind. Ich muss auch aufs Frühstück verzichten...« Er hatte allerdings auch keinen Appetit. Pummel stupste ihn jetzt mit dem Kopf an.

»Oder willste sogar Gassi gehen?«

Graubart kam das gar nicht so unwahrscheinlich vor. Soweit er mitbekommen hatte, war der Hund seit dem vergangenen Abend nicht mehr vor der Tür gewesen.

»Ich kann dich aber bloß ganz kurz runterlassen, weißte, ich fühl mich nämlich immer noch ziemlich flau. Bin krank, verstehste?«

Der Hund lief zur Tür und sah sie erwartungsvoll an.

»Willst also tatsächlich raus«, meinte Graubart und ließ das Fenster offenstehen, als er mit dem Hund hinausging. In nächster Zeit würde es kaum regnen. Er öffnete die Wohnungstür und ließ den Schlüssel stecken, da er ja bloß in den Garten gehen wollte.

Pummel war sogleich losgestürzt und hockte schon hechelnd vor der Haustüre, als Graubart erst den Treppenabsatz vor den Parterrewohnungen erreicht hatte. Kaum hatte Graubart die Haustür geöffnet, da sauste der Hund auch schon die Bäckergasse hinab.

Graubart musste wohl oder übel schreien: »Pummel, komm sofort zurück!«

Der Hund sah sich um, als könne er's nicht glauben, dass Graubart nicht mitkommen wollte. Vielleicht kann er's in der Tat auch nicht. Er blieb eisern in der Tür stehen, auch wenn es ihm leidtat, dass der Hund um seinen morgendlichen Spaziergang gebracht wurde. Es blieb ihm andererseits gar nichts übrig, als stehenzubleiben, denn sein Herz hämmerte, und ihm wurde beinahe schwarz vor Augen. Er fürchtete sich schon jetzt vor dem Aufstieg in die erste Etage.

Pummel gehörte zum Glück nicht zu jener Sorte Hunde, die in ihrem Herrchen oder Frauchen nur ein futterspendendes, ansonsten jedoch mehr oder minder lästiges Anhängsel sahen und sich um deren verzweifelte Kommandos einen Hundedreck scherten. Er trottete zurück, zwar langsam und offensichtlich missmutig, aber immerhin. Ab und an hob er das Bein, nachdem er eine Stelle an einer Mauer oder auf der Straße eingehend beschnüffelt hatte.

Graubart hatte sich inzwischen wieder so weit erholt, dass er sich ein paar Schritte weit in Richtung des Gartens wagte. Er wollte nicht zu weit gehen, weil er noch immer reichlich wackelig auf den Beinen war. *Eigentlich*, ging es ihm durch den Kopf, *wohnt diese Britta hier ja recht schön, ruhig, und der Garten hinterm Haus ist auch nicht zu verachten.* Eine von Steinen eingefasste kreisrunde verbrannte Rasenfläche unterm Walnussbaum deutete darauf hin, dass der

Garten bei schönem Wetter auch zum Grillen benutzt wurde.

Mittlerweile war Pummel von seinem kurzen Ausflug zurückgekehrt. Graubart strich ihm erneut über den Kopf und sagte dabei: »Tut mir ja leid, Kerlchen, aber ich kann nun mal nich' weit gehen. Lauf doch ein bisschen in den Garten, hm?« Er zeigte mit der Hand in die Richtung. Pummel wollte aber nicht so recht, sondern unternahm einen letzten, halbherzigen Versuch, Graubart doch noch vom Haus wegzulocken, indem er sich wieder einige Schritte zur Bäckergasse hin bewegte und sich dabei umschaute. Graubart schüttelte bloß energisch den Kopf und wandte sich dem Hausflur zu. Er brauchte nicht zu rufen, der Hund folgte ihm, und Graubart war sich sicher: Wenn die Ohren des Hundes länger gewesen wären, hätte er sie jetzt hängen lassen.

Es gelang Graubart mit letzter Kraft, die Wohnungstür hinter sich zu schließen und zu Brittas Matratzenlager zu wanken. Dort sank er halb bewusstlos nieder. Pummel hatte sich gleich in das gegenüberliegende Zimmer verzogen, als wenn er beleidigt wäre. *Vermutlich ist er's auch*, überlegte Graubart, bevor er noch einmal einschlief.

Lautes Ächzen und Stöhnen weckte ihn. Sein Kreislauf schien sich wieder halbwegs erholt zu haben, sodass er sich ohne Schwindelanfall aufsetzen konnte. Er wartete einen Moment, aber auch gegen das Aufstehen hatte sein Kreislauf diesmal nichts weiter einzuwenden. Draußen auf dem Flur keuchten Ferdi und Annette unter der Last zweier großer Kartons. Ferdi versuchte gerade, mit der Ferse die

Wohnungstür zu schließen, was ihm jedoch nicht so recht gelingen wollte.

»Lass mal«, meinte Graubart und schloss die Tür für ihn. Dann wandte er sich den beiden zu. Annette hatte ihren Karton vor dem Kühlschrank abgesetzt, während Ferdi seinen auf dem Küchentisch platzierte. Beide sahen ziemlich erschöpft aus.

»Verdammt noch eins!«, fluchte Annette. »Hätt' ich nich' gedacht, dass die Dinger so schwer sin. Und danke, Ferdi, dass du mitgekommen bist.«

Ferdi antwortete, wie üblich gespreizt: »Bitte sehr, Annette, das war doch eine Selbstverständlichkeit. Wenn du mich jetzt entschuldigen willst, ich habe noch zu arbeiten.«

Warum Annette nicht jedes Mal, wenn Ferdi redete, einen Lachanfall bekam, war Graubart ein Rätsel. Er selbst hätte mit Sicherheit einen bekommen, wenn er nicht so erschöpft gewesen wäre. Ferdi verschwand in seinem Zimmer. Annette bemerkte Graubart anscheinend erst jetzt richtig und sagte: »Hallo, du, wie gehts dir denn heute?«

»Geht so«, brummelte Graubart.

So genau wollte es Annette offenbar auch wiederum nicht wissen, denn sie fuhr sogleich fort: »Eigentlich wär' die Britta ja dran gewesen mit Einkaufen. Ich wunder mich allmählich doch so 'n bisschen, wo die bleibt und warum die sich überhaupt nicht rührt.«

Das war wohl nicht nur eine Floskel, aber auch nicht hundertprozentig ernst gemeint, kam es Graubart vor, als sich Annette jetzt daran machte, den Inhalt des Kartons in den Kühlschrank umzufüllen. Joghurt, Milch, Käse, Butter – *der Kühlschrank war nicht auf Reserve, sondern auf dem allerletz-*

ten Tropfen gelaufen, dachte Graubart. Ferdis Diesel wäre in einem solchen Zustand keinen Meter mehr weit gekommen. Schließlich war auch die letzte Saftflasche irgendwie und irgendwo verstaut, und Annette erhob sich. Sie trug heute lediglich Jeans und einen ziemlich verwaschenen Pullover, und die Haare hingen ihr lang herab. Außerdem – soso, grinste Graubart innerlich – trug sie eine Brille mit rundem Metallgestell, hatte dafür auf die schwarzen Linien verzichtet. Es hätte Graubart schon interessiert, weshalb sie sich vorgestern im KUKURUZ-Keller so aufgetakelt hatte... Sie unterbrach seine Überlegungen.

»Neuer Altpapierkarton!«, verkündigte sie, als sie den geleerten Karton links neben die Wohnungstür stellte. Dann ging sie in die Küche und machte sich über den anderen Karton her.

»Magste Reis und Tutti-Frutti mit Gemüse?«, fragte sie auf einmal, und Graubart musste sich erst darauf besinnen, dass nur er gemeint sein konnte.

»Was?«, war alles, was ihm zur Antwort einfiel.

Annette grinste ihn an und sah dabei eigentlich sehr lieb aus, fand Graubart. Sie machte sich daran, Gemüse aus dem Karton auf den Tisch neben die Spüle am Fenster zu legen. Dunkel glänzende Auberginen, Zucchini, die immer so aussehen wie verschrumpelte Gurken, die Gelbfleckfieber bekommen hatten, Tomaten, die nicht gar so hollandrot leuchteten und auch nicht so rund und glatt waren, möglicherweise also aus einem Bioladen stammten. Schließlich noch roter und grüner Paprika. Der riesige Beutel Vollkornreis kam in das Vorratsfach oberhalb der Spüle, zusammen mit einigen Packungen Vollkorn-Spaghetti und zwei Gläsern... *Vollkorn-Honig*, schoss es

Graubart durch den Kopf, und er musste bei diesem Gedanken grinsen. Das Müsli war aber tatsächlich Vollkorn-Müsli, und der Größe der Packung nach konnte er schließen, dass hier beträchtliche Mengen davon verputzt werden mussten. Er stellte sich gerade Ferdi vor, wie der sagte: *»Meine Lieblingsspeise zum morgendlichen Tee ist Vollkornmüsli«,* und musste jetzt doch laut herauslachen. Annette sah ihn überrascht an, und da erzählte er ihr, was er gerade gedacht hatte, und sie lachte gleichfalls schallend heraus.

»Nee, jetzt aber mal ernsthaft«, kicherte Graubart. »Was ist denn Tutti-Frutti mit Gemüse?«

Annette setzte mehrmals zum Erklären an, wurde jedoch immer wieder durch erneute Lachanfälle unterbrochen. Schließlich brachte sie unter vielem Gekicher heraus: »Du wirst das vermutlicher eher unter Ratatouille kennen. Das heißt bei uns allerdings seit der Zeit so, als die Britta einmal vergessen hatte, wie es richtig heißt.«

Das Stichwort Britta ließ sie mit einem Schlag ernst werden.

»Also, ich versteh wirklich nicht, warum die sich nicht meldet. Hat sie sonst eigentlich immer getan... Na ja«, fuhr sie fort, auf einmal wieder munter. »Wer weiß, wen sie da auf ihrer Fortbildung getroffen hat.« Sie grinste wieder.

»Wie ist die Britta denn eigentlich sonst so?«, fragte Graubart.

»Na ja«, meinte Annette, »wie soll sie schon sein? Sehr nett halt, wir verstehen uns ganz gut hier, wir alle drei, selbst mit Ferdi, obwohl der einem manchmal schon mit seinem vornehmen Getue auf 'n Sender gehen kann.«

Sie machte sich daran, das Gemüse zu waschen. Graubart setzte sich an den Tisch, er konnte noch immer nicht lange stehen. »Entschuldige, du, aber ich bin ziemlich fertig. Kann ich dir sonst aber irgendwie helfen?«

Annette schüttelte den Kopf. »Nee, lass man. Das mach ich lieber allein, mach ich sonst auch immer«, ergänzte sie, als ob sie ihm damit nicht Unfähigkeit unterstellen wollte.

»Die Britta studiert Psychologie«, sagte Annette beim Schnibbeln, »und macht in dem Zusammenhang auch 'ne Therapie-Ausbildung, und dafür fährt sie manchmal nach Hannover auf irgendwelche Fortbildungen. Das heißt, nicht nur deshalb...« Unter vielem Gepolter kramte sie eine große Schüssel aus dem Schrank. »In Hannover wohnt auch ihr Freund.«

Sie setzte einen Kessel mit Wasser auf den Gasherd.

»Zumindest sagt sie das. Irgendwie scheint der Typ jedoch etwas von der Rolle zu sein, kann sich offenbar nicht so recht entscheiden, ob er nun hetero, bi oder schwul is', soweit ich das mitbekommen habe, obgleich die Jule ja offensichtlich von ihm ist.« Sie grinste unverschämt, wurde allerdings rasch wieder ernst. »Die Britta versucht ihm wohl, bei seinem Coming-Out zu helfen, und ist auf jeden Fall häufiger deprimiert, wenn sie aus Hannover zurückkommt.«

Annette setzte den Stopfen in den Ausguss und warf die Tomaten in die Spüle. Anschließend begann sie damit, die Auberginen, Zucchini und Paprika zu zerschneiden und die Stücke in eine große Schüssel zu werfen. »Aber wenn du dich genauer dafür interessierst, musst du unten nachfragen. Charly ist schließlich ihre Freundin, und der erzählt sie mehr. Zu der ist sie häufiger runter, sich ausweinen.«

Das Wasser im Kessel brodelte. Annette wartete noch einen Moment, ehe sie einen Spüllappen um den Griff wickelte, den Kessel vom Herd nahm und mit dem heißen Wasser die Tomaten begoss. Aus der Spüle stiegen weiße Dampfschwaden empor, was sie offenbar daran erinnerte, dass sie sich mal wieder eine Zigarette drehen könnte. »Reichste mir mal bitte den Tabak rüber?«, bat sie Graubart.

Nachdem sie sich die Zigarette gedreht hatte, suchte sie eine Weile nach den Streichhölzern und fand sie schließlich im Tabaksbeutel. Bevor sie sich jedoch die Zigarette anzündete, öffnete sie das Küchenfenster und setzte sich aufs Fensterbrett. »Sie is' allerdings auch schon morgens völlig verheult aus ihrem Zimmer gekommen, insbesondere, nachdem die Jule da war«, sagte Annette zwischen zwei Zügen und schaute aus dem Fenster. Ihre Füße spielten eine Weile mit den weißen Clogs, die sie trug. Schließlich plumpste einer auf den Küchenboden, woraufhin Annette den Zigarettenstummel aus dem Fenster warf, in den Clog schlüpfte und sich wieder an die Arbeit machte.

»Verdammt!«, fluchte sie, während sie die Tomaten pellte. »Heiße Tomaten sind heiß!« Dann, etwas ruhiger: »Eigentlich ist sie jedoch sehr gewissenhaft, glaub ich. Ungeheuer eifrig, mit dem Studium und so, sie nimmt alles ungeheuer ernst und macht jede Prüfung und jede Klausur mit eins. Manchmal habe ich sie schon um ihren Arbeitseifer beneidet«, setzte sie hinzu und runzelte plötzlich die Stirn. »Obwohl...«

Sie spülte den Reis ab, ließ ihn in einen Topf prasseln, gab Wasser und etwas Salz hinzu und stellte ihn auf die Herdplatte. Da brodelte er jetzt vor sich hin. Das Gemüse kam zusammen mit einigen Kräutern – »die Reste meiner

Provence-Tour vom letzten Jahr« – in einen Tontopf, und der in die Backröhre.

Annette wischte den Gemüseabfall zusammen und warf ihn in einen Eimer, anscheinend für den Komposthaufen. Dann wusch sie sich die Hände und sagte: »So, das wär's für die nächste Dreiviertelstunde. Soll ich uns 'n Kaffee machen?«

Graubart fühlte sich mittlerweile wieder gut genug, dass er durchaus einen vertragen konnte. Er nickte. Annette sprang auf und hatte im Nu die Kaffeemaschine angestellt. *Kleiner Wirbelwind*, grinste Graubart in sich hinein. Dabei war Annette gar nicht so klein, mindestens einsfünfundsiebzig. Sie setzte sich wieder Graubart gegenüber.

»Und was machst du so?«, wollte er wissen.

Sie zuckte die Achseln. »Eigentlich studier ich Germanistik und Philosophie, aber so ganz der wahre Jakob ist das auch nicht. Ich überleg schon, ob ich nicht doch auf BWL umsatteln soll, da sind die Aussichten, hinterher 'ne Stelle zu kriegen, doch was größer.«

»Du und Betriebswirtschaftslehre?«

Das war Graubart so herausgerutscht, weil er sich für sie kaum ein unpassenderes Studium vorstellen konnte. Jura vielleicht noch. Annette schmollte.

»Wieso? Bin ich da als Frau etwa zu blöde für?«

Oh, nein!, dachte Graubart, *bitte jetzt nicht die Emanzen-Schiene*. Er verfluchte seinen Ausrutscher.

»Nein, so hab' ich das nicht gemeint«, versuchte er zu begütigen. »Nur – du machst mir nicht den Eindruck, dass du mit so einem drögen Studium glücklich werden könntest.«

»Tröstlich, dass das noch jemand findet«, meinte sie, »das sagen nämlich die meisten anderen auch. Nur meine Eltern nicht. Die wollen am liebsten, dass ich Jura studiere, wie Ferdi. Die unterstützen mich im Augenblick eh nur zähneknirschend...«

»Wovon lebt denn eigentlich die Britta?« Sie ging Graubart einfach nicht aus dem Sinn. Annette schien ihm den jähen Themenwechsel nicht weiter übelzunehmen.

»Soweit ich weiß, hat sie bis vor kurzem BAföG gekriegt. Stimmt, das ist sehr merkwürdig...« Sie dachte offenbar über etwas nach. »Sie ist anscheinend in letzter Zeit etwas in Schwierigkeiten, nachdem die Jule da ist. Sie hat mal was davon erzählt, dass sie irgendeinen Antrag nicht mehr rechtzeitig stellen konnte, weil sie einen Schein nicht hat oder so. Außerdem hat sie was davon erzählt, dass sie 'n paar Putzjobs hätte annehmen können, wenn die Jule nicht da wäre. Ich nehme an, sie hat was gespart, aber sie hat in den letzten zwei, drei Monaten ziemliche Schwierigkeiten gehabt, auch nur die Miete und ihren Anteil an der Haushaltskasse aufzubringen. Stimmt. Wieso ist mir das eigentlich nie aufgefallen?« Sie schüttelte über sich selbst den Kopf. »Und ja, seitdem die Jule da ist, läuft anscheinend überhaupt nichts mehr richtig. Aber sie will einfach nicht mit der Sprache rausrücken. Zumindest uns hier oben gegenüber nicht. Vielleicht weiß da die Charly auch mehr. Die erzählt uns aber auch nie was.«

Annette kauerte sich auf den Stuhl, setzte die Füße auf die Sitzfläche und schlang die Arme um die Schienbeine. Daraufhin legte sie das Kinn auf die Knie. »Das war ja überhaupt so 'ne Sache, als die Britta plötzlich schwanger geworden is'. Hätten wir nie gedacht. Über die Schwangerschaft ist sie ziemlich gut weggekommen, hat sich zumindest nie beklagt. Aber danach... ich meine, die kleine Jule ist ja süß, so richtig schnuckelig, auch wenn sie nachts hin und wieder ganz schön Krach schlägt. Das raubt einem schon gelegentlich fast den letzten Nerv. Aber sogar Ferdi hat nie was verlauten lassen, wenn er mal nachts wieder geweckt worden is' und der Jule die Flasche geben musste, weil Britta nich' da war.«

»Wie?«, fragte Graubart höchst erstaunt. »Britta ist nachts weg und hat ihr Baby einfach bei euch zurückgelassen?«

»Was denn!«, sagte Annette empört. »Du glaubst doch nich', dass wir damit nich' hätten zurechtkommen können? War ja auch nur zwei- oder drei Mal. Das ging schon. Einmal allerdings fast die ganze Nacht, und das haben wir schon komisch gefunden. Aber auch da hat die Britta nichts weiter erzählt. Sie hat nur schrecklich durcheinander gewirkt. Charly hat sich dann um sie gekümmert.«

Sie warf einen Blick auf die Uhr, aber es war noch Zeit, bis der Reis gar wäre.

»Wo kommt Britta eigentlich her?«, fragte Graubart, um das unbehagliche Schweigen, das nach Annettes letzten Worten entstanden war, zu durchbrechen.

»Weiß ich nich' genau«, erwiderte sie, offenbar auch froh darüber, wieder etwas sagen zu können. »Irgend so 'n Kuhkaff in der Nähe von Osnabrück. Sie versteht sich allerdings mit ihren Eltern, vor allem mit ihrem Vater, nicht sonderlich gut. Ich wüsste nicht, dass sie ihn mal irgendwann großartig erwähnt hätte – ihre Mutter is' vor längerer Zeit mal hier gewesen, eigentlich eine ganz nette Frau, fand ich. Hat bloß immer so geheimnisvoll getan.

Und is' jedes Mal zusammengefahren, wenn das Telefon geklingelt hat. Wie es schien, hat sie ihrem Mann, Brittas Vater, gar nicht erzählt, wohin sie gefahren is'. Und dann hat sie wohl jedes Mal gedacht, ihr Mann würde anrufen. Die Britta mag sie offenbar.«

»Also wird sie kaum zu ihren Eltern gefahren sein?«, überlegte Graubart halblaut.

Annette schüttelte den Kopf, dass die schwarze Mähne nur so flog. *»Das* nun ganz bestimmt nicht. Ich erinnere mich – sie hat mal was davon verlauten lassen, dass sie da, wo sie herkommt, lieber weg- als hinfahren würde. Nee, dahin ist sie ganz bestimmt *nicht.* Vor allem nich' nach der ›Schande‹ mit Jule. Du hältst es nich' für möglich, aber in dem Kaff da is' das offenbar noch 'ne Schande.«

»Doch, doch, kann ich mir vorstellen. Wahrscheinlich auch streng katholisch, die Leute.«

»Allerdings«, brummte Annette.

»Tja, wo ist sie dann?«, meinte Graubart mehr rhetorisch.

»Tja, wo ist sie dann...«, wiederholte Annette, warf einen erneuten Blick auf die Uhr, schlüpfte dann mit den Füßen rasch in die Clogs und stürzte zum Herd, hob den Deckel des Topfes ab und rührte mit einer Gabel um. Schließlich probierte sie und meinte: »Hm, is' nich' mehr ganz Vogelfutter, wird also bald so weit sein.«

Graubart war trotz allem ein wenig verwundert darüber, dass sich Annette offenbar doch keine großen Sorgen um Britta machte. Er selbst, da war er sich gewiss, *hätte* sich an ihrer Stelle Sorgen gemacht und alle Hebel in Bewegung gesetzt, sie zu finden... und er *machte* sich Sorgen. Irgendetwas stimmt da einfach nicht, aber was das sein sollte, das sah er nicht. Er wäre auf jeden Fall bestimmt ebenso froh wie die anderen, wenn Britta ein Lebenszeichen von sich gäbe – auch wenn das hieße, dass er gehen müsste.

Annette hatte inzwischen den Backofen aufgemacht und den Deckel des Tontopfes gelüftet. In der Küche roch es auf einmal ganz intensiv nach Thymian, Salbei sowie einigen anderen Würzkräutern, deren Duft Graubart nicht zu identifizieren mochte. Herb-süßlich. Und über allem unverkennbar Knoblauch. Annette schloss den Deckel wieder, aber der Duft blieb, und Graubart verspürte plötzlich – endlich – wieder die ersten Anzeichen von Hunger. Auf einmal schlug sich Annette vor die Stirn und rief: »Du meine Güte, Pummel!«

Für den Hund gab's – im Gegensatz zu Frauchen – keine Vollwertkost, sondern lediglich auf die Schnelle eine Dose Schappi, dazu einen Napf vom guten Wasser der hiesigen Stadtwerke. Pummel wars jedoch recht, und er hatte den Napf in Windeseile leergefressen.

»War er heute überhaupt schon draußen?«, fragte Ferdi, der in der Türöffnung erschienen war und dem Hund beim Fressen zuschaute. Annette sah ziemlich schuldbewusst drein.

»Hab' ich auch vergessen«, gestand sie, »du weißt ja, eigentlich wär die Britta heute... aber wenn er sein Fressen auf hat, kann ich ja mal schnell...«

Graubart unterbrach: »Ich war kurz mit ihm unten. Fünf Minuten oder so. Weggehen konnte ich nicht, aber er ist ein Stück die Straße rauf und runter.«

Annette war erleichtert. »Danke, Graubart«, sagte sie. Ferdi trat völlig in die Küche und schnupperte.

»Es riecht sehr gut hier«, verkündete er, »und ich hoffe, dass es ebenso gut mundet.«

Er ging Graubart allmählich sehr auf die Nerven.

»Sagst du den beiden unten Bescheid?«, fragte Annette. Ferdi nickte und ging.

»Samstags essen wir öfter zusammen«, erklärte Annette. »Das hat sich im Lauf der Zeit so eingespielt. Mal bei denen, mal bei uns. Heut sind wir an der Reihe.«

In der Küche wurde es reichlich eng, als sie sich zu fünft um den Tisch setzten.

»Wer spricht das Gebet?«, flachste Annette. »Dafür bist doch du zuständig, Frau Theologin.«

Sie sah Charlotte spöttisch an. Die war auch heute wieder schrill-bunt gekleidet und gab trocken zurück: »Aber nur, wenn ihr alle auch niederkniet.«

Bernd, der andere Mann von vorgestern, hatte sich von unten eine Flasche Mineralwasser mitgebracht, an der er ab und zu nuckelte, während die übrigen Rotwein tranken. Bis auf Graubart, der ebenfalls Mineralwasser bevorzugte. Bernds Haar war so hellblond, dass Graubart es zunächst für Weiß gehalten hatte, und er war von Gestalt ziemlich untersetzt, um es höflich auszudrücken. Das Gesicht war ziemlich dick, *eigentlich sogar aufgedunsen,* dachte Graubart.

»Ich hatte heute Nacht übrigens wieder so einen Kastrationstraum«, sagte Bernd unvermittelt und mit schleppender Stimme. »Wisst ihr, da war diese Schlange...«

Die anderen sahen sich an, als ob sie Bernd nicht ganz ernst nähmen, und die Blicke sagten eindeutig: ›Oh, nein, nicht schon wieder!‹

Ferdi meinte laut: »Lieber Bernd, es ist uns bereits bekannt, dass du häufig solche Träume hast. Aber wir gehen

103

alle davon aus, dass dein Psychiater der richtige Mann dafür ist, diese Träume angemessen zu deuten. Wir können dir leider nicht dabei helfen.«

Die Blicke, die sich die beiden Frauen zuwarfen, unterschieden sich nicht wesentlich von denen zuvor. Graubart grinste still und heimlich in sich hinein, während er sich nach außen hin ausschließlich dem vorzüglichen Essen widmete. *Eines muss man den Leuten hier ja lassen*, dachte er, *verpflegen tun sie einen gut.*

In diesem Augenblick meinte Charlotte: »Also, mich wundert allmählich wirklich, dass wir so überhaupt nichts von Britta hören. Sie müsste doch wissen, dass die Anwältin sie dringend braucht.«

»Die Anwältin?«, fragte Annette überrascht.

Charlotte hob unbestimmt die Schultern. »Wegen irgendwas am Dienstag. Hat sie gesagt, als sie gestern hier gewesen ist.«

»Was?«

»Oh, ja, hab' ich ganz vergessen zu erzählen. Diese Anwältin ist gestern hier gewesen. Und da ist ihr was von wegen Dienstag rausgerutscht.«

»Britta wird rechtzeitig zurückkehren«, sagte Ferdi mit vollem Mund. »Sie besitzt mein vollstes Vertrauen.«

»Schön für sie«, fuhr Annette ihn wütend an. »Aber was, wenn nicht?«

Allgemeines Schweigen. Kauen. Schlucken. Klappern von Besteck.

»Ich habe noch mal mit meinem Arzt gesprochen«, verkündete Bernd plötzlich. »Ich kann ab übernächste Woche auf Station. Dann sind wieder Betten frei.« Niemand gab Antwort. »Und wie sieht's aus, soll ich noch mal nachfragen wegen der Farbe? Wenn mir Ferdi sein Auto leiht, kann ich sie auch holen.«

Das allgemein Gedachte: *Verschon uns doch im Augenblick damit!* stand beinahe zum Greifen in der Küche. Graubart fragte sich, was denn mit Bernd los war, dass er offenbar überhaupt nichts von dem mitbekam, was momentan vordringlich schien.

Schließlich sagte Ferdi: »Ja, Bernd, das ist uns bekannt. Aber siehst du denn nicht, dass uns im Moment andere Sorgen bedrücken?«

»Da bekommen wir sie aber wirklich billiger«, beharrte Bernd.

Annette stand auf. »Ich glaube, keiner will mehr was, nich'?« Alle schüttelten den Kopf, sogar Bernd. »Eigentlich wär' ja die Britta mit dem Abwasch dran«, sagte Annette seufzend, »aber dann will ich...«

»Ich werde dir bei der Arbeit helfen«, meinte Ferdi und erhob sich gleichfalls, wobei er mit dem Kopf beinahe an die Lampe gestoßen wäre, die ziemlich weit oben an der Decke schwebte.

Auch Charlotte und Bernd waren aufgestanden. Charly meinte: »Ich geh mit Pummel raus, ja? Der hat's wohl wirklich nötig.«

»Ach ja«, erwiderte Annette, »allerdings. Wär' riesig nett von dir.«

Wie aufs Stichwort kam Pummel in die Küche und schnüffelte zwischen den Beinen der Leute dort herum. Charlotte beugte sich zu ihm hinab. »Na, Pummelchen, machen wir einen kleinen Spaziergang?« Pummel schien nicht so überzeugt. »Was ist denn los mit dir?«, fragte sie bekümmert. »Du vermisst die Britta, nich'?«

Pummel legte den Kopf schief und jaulte ein wenig.

Graubart, der sich, vielleicht durch das Essen, etwas kräftiger fühlte, meinte: »Was dagegen, wenn ich mitkomme? Allerdings nur, wenn's nicht allzu weit geht.«

Charlotte sah ihn prüfend an. »Nun gut«, sagte sie, »warum nicht? Bist du denn wirklich wieder gut genug auf den Beinen?«

»Ich denke schon. Wie gesagt, wenn's nicht allzu weit geht.«

Da wurde auch Pummel jäh lebhaft, und Charly meinte: »Na, bei dem hast du ja jetzt schon einen Stein im Brett.«

7.

Pummel hockte bereits, wie am frühen Morgen, hechelnd vor der Haustür, noch ehe Charlotte oben die Wohnungstür hinter sich zugezogen und Graubart, der vorausgegangen war, den ersten Treppenabsatz erreicht hatte. Allerdings ging diesmal alles etwas rascher, und Graubart war sowohl überrascht als auch erfreut darüber, wie gut er sich inzwischen wieder fühlte. *Möglicherweise hat auch das Essen dazu beigetragen.* Er öffnete die Haustür und Pummel wollte gleich hinausflitzen. Dann hielt der Hund jedoch inne und blickte zu Graubart auf. *Vielleicht,* überlegte dieser, *will er sich bloß vergewissern, dass ich ihn dieses Mal nicht zurückrufe.* Daher nickte er dem Hund aufmunternd zu und sagte: »Na, lauf schon los, Pummel!«, was sich der Hund nicht zweimal sagen ließ. Ein Windhund war nichts gegen den schwarzen Strich, der da über die Bäckergasse schoss.

Graubart wartete grinsend in der Haustür auf Charlotte, die noch kurz mit Bernd zusammen in ihre Wohnung gegangen war, um sich eine Jacke zu holen. *Das ist nun schon der dritte Rotton*, dachte Graubart bei ihrem Erscheinen. *Irgendwie hat's ja schon wieder was...* Aber er ließ sich nichts weiter anmerken. Sie gingen über den Plattenweg zum Wendehammer der Gasse, die ruhig und friedlich dalag, und Charly meinte beiläufig, wobei sie hinter sich zeigte: »Das ist unsere Wohnung, das Wohnzimmer, wenn du so willst.«

Graubart drehte sich um und sah hinüber. Im Fenster stand und hing allerlei Grünzeug, das über den halb gefüllten Glaskrug in der rechten Ecke versorgt wurde. Was er an Mobiliar erkennen konnte, war ein Kiefernsessel, dessen Polsterung mit hellem Leinen bezogen war und der wohl, genau wie der Kieferntisch, von IKEA stammte. *Studenten*, dachte er, als er sich wieder der Straße zuwandte. Pummel schnüffelte einige Meter weiter vorn an einer Mauer und hob daraufhin das Bein, ehe er weiterlief. »Der kennt den Weg vermutlich«, meinte Graubart, mehr um irgendetwas zu sagen, als aus einem anderen Grund. Charlotte nickte.

»In- und auswendig. Gleich, wo wir hinwollen, wir müssen hier entlang.«

»Und wohin wollen wir jetzt?«

Charlotte zuckte die Achseln. »Ein bisschen durchs Altdorf, vielleicht. Oder hast du zu was anderem Lust?«

»Ich bin hier überhaupt noch nie gewesen, was soll ich also dazu sagen?«, meinte Graubart. »Mir ist's überallhin recht. Wie gesagt, nur allzu lange sollte es nicht dauern.«

Eine Weile gingen sie wiederum schweigend dahin. Graubart konnte sich des Eindrucks nicht erwehren, dass Charlotte etwas Bestimmtes auf der Seele lag, womit sie nur nicht herausrücken wollte oder konnte. *Wahrscheinlich hat es mit ihrer Freundin zu tun*, überlegte er. *Mit Britta*. Und es tat ihm zusätzlich gut, dass sich offenbar endlich mal jemand um sie sorgte.

Allerdings konnte er auch gut warten, bis Charlotte so weit war, dass sie sprechen konnte. Natürlich wars nicht einfach, klar, aber er wusste auch, dass sie am Ende reden würde, obgleich oder sogar weil er jemand völlig Fremdes war. Er war sich völlig darüber im Klaren, dass er trotz der Tatsache, auf Achse zu sein, auf viele Leute sehr vertrauenswürdig wirkte. Viele hatten ihm schon unterwegs ihr Herz ausgeschüttet, und wenn ihm danach zumute gewesen wäre, hätte er schon eine halbe Bibliothek mit den Schicksalen vollschreiben können, von denen er erfahren hatte. Er zog es jedoch vor, sie für sich zu bewahren. *Die Menschheit wird sowieso schon mit so viel Buchschrott zugemüllt*, hätte er, wenn er gefragt worden wäre, gesagt, *da muss ich meinen nicht auch noch dazukippen.*

Sie hatten die Mündung der Gasse erreicht und wandten sich jetzt nach links, hoch zur Kirche und zur Zweigstelle der Stadtbibliothek, wenn Graubart sich recht erinnerte. Auf den Straßen war es samstäglich leer, für die Torschreie der Sportschau wars noch zu früh, allenfalls war jetzt Zeit für den Hausputz. Pummel durfte weiter über die Straße flitzen, wie ihm zumute war. Ein Auto war weit und breit weder in Sicht noch in Gehör, und Graubart hatte den Eindruck, dass der Hund auch von selbst wüsste, wann er beiseitezuspringen hätte. Er genoss seinerseits das endlich schöne Wetter. Die Sonne war überraschend warm für Mitte März, und die Straßen schienen richtig zu dampfen, das Regenwasser auszuschwitzen, das sie während der vergangenen Wochen in sich eingesaugt hatten. Allerdings bemerkte Graubart schon jetzt, nach nur wenigen hundert Metern, dass er wirklich noch nicht auf der Höhe war. Ab und an überlief ihn ein Frösteln, und die Beine fühlten sich an, als ob sie sich in nicht allzu ferner Zukunft in Gummi zu verwandeln gedachten. Er blieb stehen und hielt sich an einer Hausmauer fest.

»Gehts noch?«, fragte Charlotte.

Graubart nickte. »Muss mich nur einen Moment ausruhen. Danke.« Er schüttelte den Kopf, wie um ihn von einer Benommenheit freizubekommen, und ging langsam weiter. Ihm schmerzten zudem auch die Füße ein wenig.

Wahrscheinlich diese blöden Treter, dachte er, als er auf seine Schuhe hinabblickte. Er wusste nicht, wann er sie zum letzten Mal geputzt hatte, und er bezweifelte zudem, dass sie einen Putzvorgang wirklich überstehen würden, ohne endgültig auseinanderzufallen. Sie kamen zu dem kleinen Park vor der Kirche, den man über einige Steinstufen erreichen konnte. Auf dem Rasen standen einige Bänke, teils unter den alten Kastanien, teils jedoch in der Sonne, und Charlotte nickte hinüber.

»Sollen wir uns ein bisschen setzen?«

»Gern«, erwiderte Graubart, und Charlotte rief Pummel, der schon ein beträchtliches Stück die Straße hinauf war und bereits fast die Hauptstraße erreicht hatte. Die schwarze Promenadenmischung hob den Kopf, sah zu ihnen herunter und lief dann sogleich die Stufen hinauf in den Park. Charlotte und Graubart folgten ihm etwas langsamer. Sie gingen zu einer der Bänke, die etwas weiter zurück von der Straße standen, und ließen sich nieder. Graubart streckte die Beine von sich, lehnte sich zurück, verschränkte die Hände hinter dem Kopf, schloss die Augen und hob das Gesicht der warmen Sonne entgegen. So saßen sie eine Zeit lang wortlos da. Es war sehr still. Graubart hörte nur gelegentlich das Tapsen von Pummel, wenn er nahe an ihnen vorüberlief. *Es ist so friedlich*, dachte er und war beinahe verärgert, als Charlotte auf einmal sagte: »Du scheinst dich ja sehr für die Britta zu interessieren.«

Er öffnete die Augen, blinzelte ein wenig in der Helligkeit und wandte Charlotte das Gesicht zu. »Nun ja«, entgegnete er, »wenn du mittlerweile zwei Tage im Zimmer von jemandem pennst, möchtest du schon ganz gern wissen, wer der- beziehungsweise diejenige ist. Was nicht heißen soll, dass ich nun alle Einzelheiten aus dem Leben der Betreffenden wissen möchte. Einfach nur so im Allgemeinen, verstehst du? Ob sie zum Beispiel damit einverstanden wäre, dass ich bei ihr wohne. Dann käme ich mir weniger wie ein unerwünschter Eindringling vor.«

Irgendwie hoffte er, dass der Kelch an ihm vorübergehen würde, weil Charlotte verstanden hätte, wie ernst es ihm mit seinen Worten gewesen war. Er wollte wirklich nicht jede Einzelheit aus Brittas Leben erfahren. Die Studentin sah ihn jetzt allerdings so prüfend an, dass seine Hoffnung dahinschwand wie die Feuchtigkeit von der Straße unter der Sonne.

»Weißt du, ich glaube kaum, dass Britta etwas dagegen hätte, wenn du in ihrem Zimmer schläfst«, begann Charlotte. »Sie ist nämlich eigentlich eine ungeheuer nette Person. Sonst wären wir auch kaum Freundinnen.«

Was also, dachte Graubart mit ihm selbst ungewohnter Häme, *bedeutet, dass du auch eine ungeheuer nette Person bist.* Charlotte schwieg längere Zeit, ehe sie fortfuhr: »Aber sie hat wohl ziemliche Schwierigkeiten.«

Also doch, überlegte er halb resignierend. *Na gut, dann bringen wir's hinter uns.* »Inwiefern?«

Wiederum sah sie Graubart forschend an, als überlegte sie, ob er wohl wirklich vertrauenswürdig genug wäre. »Du erzählst das aber keinem weiter, ja?«

»Warum sollte ich denn etwas weitererzählen?«, fragte er. »Und vor allem: wem?«

Charlotte nickte in Richtung Bäckergasse. »Den anderen. Ich glaube, die wissen nicht die Hälfte von dem über Britta, was ich weiß.«

»Nun, Annette zum Beispiel hat erzählt, dass Britta sehr fleißig sei und ihr Studium ungeheuer ernst nehmen würde. Und dass sich das erst nach der Geburt geändert hat.«

So etwas wie Verbitterung lag auf einmal um Charlottes Mund. »Da sieht man's wieder! Die raffen nichts! Fleißig? Mag sein, dass Britta anfangs sehr fleißig gewesen ist, aber wirklich nur anfangs. Später hat sie oft halbe oder sogar ganze Tage im Bett gelegen und es einfach nicht geschafft aufzustehen. Stimmt, dass das nach Jules Geburt noch schlimmer geworden ist. Sie hat die Kleine manchmal fast vernachlässigt. Was glaubst du, wie häufig ich Jule in letzter Zeit morgens gewickelt habe, weil Britta nicht aus dem Bett gekommen ist?«

»Aber nach einer Geburt ist eine Frau erst einmal ziemlich alle, habe ich mir sagen lassen«, meinte Graubart, dem aus irgendeinem Grund nicht gefiel, wie Charlotte von ihrer angeblichen Freundin sprach.

»Unsinn. Doch nur, wenn sich keiner richtig um sie kümmert! Ich habe mich um sie gekümmert, das kannst du mir glauben. Ich habe sie in jeder Hinsicht unterstützt, insbesondere, weil ihr Freund sie nicht unterstützt hat. Er will nicht mal Unterhalt zahlen!«

Graubart schoss etwas durch den Kopf. »Ist sie deswegen bei dieser Anwältin?«, fragte er.

»Glaub' nicht.« Charlotte zögerte. »Ich meine, davon hat sie mir nichts gesagt. Sie hätte mir bestimmt was gesagt, wenn es darum gegangen wäre, da bin ich mir völlig sicher. Ich habe ihr ja immer gesagt, dass sie zum Anwalt gehen soll, stimmt schon.« Sie überlegte. »Ich kann mir allerdings nicht vorstellen, dass die Anwältin wegen so einer Sache extra zu uns rausgekommen wäre. Das wären doch bloß kleine Fische.«

Graubart nickte. »Vermutlich«, meinte er und fand es schade, dass seine Idee viel zu unwahrscheinlich war, um den merkwürdigen Besuch der Anwältin zu erklären. Andernfalls hätte es ihnen hier auf der Bank ein längeres, für Graubart wirklich unangenehmes Gespräch erspart.

Inzwischen war Pummel von seinem Streifzug zu ihnen zurückgekehrt und ließ sich jetzt von Graubart das Kinn kraulen. Charlotte sah eine Weile lang zu, ehe sie bemerkte: »Der hat dich aber wirklich gern. Das macht er sonst bei Fremden nie.«

Täuschte sich Graubart, oder klang tatsächlich so etwas wie Missbilligung oder gar Neid aus Charlottes Stimme? Wie dem auch sein mochte, zunächst herrschte wieder mal Schweigen zwischen den beiden. Was Graubart gar nicht so unlieb war. Er sah hinüber zu dem modernen Bau der Stadtbibliothek, genauer gesagt, der Zweigstelle. Irgendwie war es dem Architekten gelungen, einen Bau hier fast in den Ortskern zu setzen, der dort wirklich absolut gar nichts zu suchen hatte. Ihm fiel eine Bemerkung eines seiner Dozenten ein, der von Popmusik behauptet hatte, das klänge, als wenn man einen Furz in der Kirche lässt. So unpassend ihm diese Bemerkung damals vorgekommen war, hier an dieser Stelle passte sie. *Wie ein Furz in der Kirche*, dachte Graubart, *oder vielmehr neben der Kirche*, so sah dieser Glasbau zwischen den Fachwerkbauten aus. Er bedauerte, dass man Architekten nicht dadurch bestrafen konnte, dass man sie ihr Leben lang vor ihre Bausünden setzte. Aber dergleichen Planung war seit seinem Weggang vor ungefähr zwanzig Jahren anscheinend hier in Sächelen üblich geworden. Er wunderte sich beinahe darüber, dass die Fachwerkbauten noch standen, hatte andererseits jedoch den starken Verdacht, dass da längst keine Einheimischen mehr drin wohnten, sondern immergrüne Lehrer und sonstige Beamte.

Er wurde durch Charlotte aus seinen Überlegungen gerissen, die gerade sagte: »Weißt du, wegen der Anwältin habe ich mir auch schon den Kopf zerbrochen. Ich kann mir einfach nicht vorstellen, was Britta angestellt haben könnte, dass sie eine Anwältin brauchen sollte. Das ist völlig unmöglich. Doch nicht Britta!« Sie wiederholte, wie um sich eine nicht sichere Tatsache doch zu bestätigen: »Dafür ist Britta überhaupt nicht der Typ.«

»Ich hab' schon Kühe Tango tanzen sehen«, meinte Graubart und fuhr ebenso überrascht zurück wie Pummel, als Charlotte fauchte: »Du, das ist überhaupt nicht komisch! Weißt du denn, wie mies es Britta wirklich geht? Weißt du, dass ich sie vor Jules Geburt mal vom Dachboden bei uns runterholen musste?« Wie über sich selbst erschrocken hielt sie inne und flüsterte dann: »Sie hat 'nen Strick in der Hand gehabt und sich aufhängen wollen!«

Graubart war entsetzt. Es war ihm im Leben weiß Gott häufig genug dreckig gegangen, noch viel dreckiger als jetzt, aber so weit war er noch nicht gekommen, dass er sich hätte... »Warum erzählst du mir das?«, fragte er.

Charlotte wurde tiefrot. »Ich meine nur... ich...«, stotterte sie, »...ich wollte bloß offen sein«, fuhr sie fort, und es hörte sich beinahe beleidigt an, als ob ihr Graubart einen Vorwurf gemacht hätte. »Schließlich hast du gesagt, dass du dir wegen Britta Sorgen machst. Und vielleicht kannst du ja... ich meine, ihr muss doch geholfen werden, das siehst du doch ein, nicht? Man kann sie doch nicht bloß bedauern, wie sie das gerne hätte. Das ist übrigens der einzig wirklich unangenehme Zug an ihr, dieses ständige Betteln um Mitleid. Sie hat dazu doch überhaupt keinen Grund. Wir mögen sie doch alle. Ich mag sie. Ich unterstütze sie. Von mir kann sie jede Hilfe bekommen die sie braucht. Nimm beispielsweise mal das Stillen, nicht, das ist auch so eine Sache.«

Irgendwie war Charlotte plötzlich in Fahrt gekommen, und Graubart merkte, dass jetzt das kam, wovor er sich gleich zu Beginn gefürchtet hatte. *Ich hätte nicht mitkommen sollen*, dachte er. Aber das Wetter hatte ihn verlockt, nachdem er einen Tag überhaupt nicht rausgekommen war. Er war es nicht mehr gewohnt, den ganzen langen Tag irgendwo in einer Wohnung zu hocken, und im Bett zu liegen, das schon gar nicht. Obgleich er mit Sicherheit noch nicht gesund war. Er spürte sogar, wie sich der Dieselmotor in seinem Kopf wieder meldete. Zwar nur schwach, aber deutlich wahrnehmbar. Das Beste wäre wahrscheinlich, wenn er sich möglichst ruhig hielte, möglichst wenig bewegte, einfach nur zuhörte und sich am allerbesten auch gar nicht aufregte, über nichts, wirklich nichts aufregte. Den Mund hielte. Allenfalls mal bestätigend irgendetwas brummen würde.

»Die Geburt war so 'n bisschen schwierig, nicht wahr. Ursprünglich ist sie hier ins Geburtshaus, nicht, wie das auch sein sollte. Dann muss allerdings was schiefgegangen sein, haben zumindest die Hebammen gesagt. Und dann haben sie Britta ins Klinikum verlegt, so richtig mit allem, was dazugehört, mit Tatütata, du verstehst schon. Ich bin übrigens die ganze Zeit dabei gewesen und habe Britta immer wieder zugeredet, sie soll doch noch etwas durchhalten, und dann wars so weit. Und ich bin mir eigentlich noch immer sicher, dass sie es auch allein geschafft hätte, ohne dieses ganze technische Brimborium, nicht wahr?«

Wie er sich vorgenommen hatte, brummte Graubart lediglich etwas Unbestimmtes, was man sehr wohl als Zustimmung deuten konnte. Charlotte schien auf jeden Fall zufrieden, denn sie fuhr fort: »Genau. Kein Wunder, dass sie da in dieser menschenfeindlichen Umgebung im Klinikum einen abbekommen hat. Siehst du, das ist mir noch gar nicht so recht klargeworden. Da hat sie sich was geholt. Natürlich!« Charlotte lachte fast glücklich, als ob ihr ein Stein vom Herzen gefallen wäre. Wiederum brummte Graubart etwas. Diesmal musste es jedoch nicht mehr so überzeugend nach Zustimmung geklungen haben, denn Charlotte hörte zu lachen auf und sah ihn misstrauisch an. »Doch, doch, das war genau so. Im Geburtshaus hätte es auch nie und nimmer einen Kaiserschnitt gegeben. Also, irgendwie hätte ich den Hebammen da ja mehr zugetraut, nicht? Einfach eine Geburt abbrechen und behaupten, da müsse ein Kaiserschnitt gemacht werden, also nee! Und das von den Frauen da, die immer behaupten, sie würden sich wirklich darum bemühen, dass alles natürlich abläuft.« Charlotte war hellauf empört, und Graubart brachte jetzt überhaupt keinen Laut mehr heraus, weder zustimmend noch sonst wie. Was daran lag, dass er jäh stechende Schmerzen in den Ohren verspürte. *Ganz ruhig*, dachte er sich, *ganz, ganz ruhig. Halt dich ganz ruhig, dann geht das gleich vorbei. Das kennst du bereits. Ganz ruhig, dann gehts gleich wieder vorüber...*

116

So bekam er die nächsten Worte Charlottes gar nicht richtig mit, und erst als sie in ihrem Redestrom innehielt und ihn fragte: »Sag mal, hörst du mir überhaupt zu?«, musste er wohl oder übel Antwort geben. Er hob die Hand und meinte leise: »Du, einen Augenblick, ja? Warte bitte einen Augenblick.«

Sie sah ihn völlig verständnislos an, aber dann war es so, wie Graubart gehofft hatte. Die stechenden Schmerzen hörten allmählich auf. Er holte tief Luft und sagte: »Entschuldige, du, aber ich hatte gerade einen Anfall und habe darum nicht so ganz mitbekommen, was du gesagt hast.«

»Ach so«, meinte Charlotte, offenbar mit der Antwort zufrieden. »Na, dann, wenn er jetzt vorüber ist, kann ich ja weitermachen.« Und sie setzte zu einer langen und breiten Erörterung über den Umstand an, dass man gegen seine Probleme selbstverständlich etwas unternehmen müsse. Wie sie bei diesem Thema gelandet war, hatte Graubart nicht so ganz mitbekommen, aber vielleicht benötigte sie dazu auch keinen Aufhänger, oder es war ihr jeder recht. »Sieh mal, ich habe natürlich auch Probleme, übrigens genau wie Bernd, aber wir beide, wir tun wenigstens was dagegen. Wir haben erkannt, dass es nur an uns selbst liegt, uns zum Positiven hin zu verändern, an uns zu arbeiten. Bernd ist schon seit ein paar Jahren, warte mal, ja, seit fünf Jahren in einer Analyse, die ihm wirklich guttut, und ich gehe regelmäßig in unsere Frauengruppe. Daher weiß ich das übrigens alles, wie das wirklich und natürlich mit Geburt und Stillen und dem ganzen Drum und Dran läuft, nicht, und dass das wirklich jede Frau gut hinkriegen kann, die sich innerlich entsprechend vorbereitet und eingestellt hat. Das habe ich Britta auch immer wieder erzählt. ›Du

117

musst da positiv rangehen‹, habe ich ihr gesagt, ›dann schaffst du das schon. Wenn Felix‹, das ist ihr Freund, der Vater von Jule, ›keine positive Einstellung entwickeln will, nun, dann entwickele wenigstens du eine.‹« Charlotte nickte, wie um die eigenen Worte zu bestätigen. »Und ich helfe dir natürlich gern dabei‹, habe ich ihr immer wieder gesagt, immer wieder! Aber sie wollte nicht. Das hab' ich nicht verstanden. Sie wollte einfach nicht. Ihr wäre es lieber gewesen, ich hätte sie bemitleidet, weil es ihr so schlecht ging. Wie ich schon gesagt habe, das ist ihr einzig unangenehmer Zug.«

Graubart hatte sich inzwischen so weit erholt, dass er die warme Sonne, die inzwischen weitergewandert war und bald hinter dem Glasfaserbau der Stadtbibliothek verschwinden würde, wieder genießen konnte. Er hatte Charlottes Redeschwall kommentarlos über sich ergehen lassen. Er wollte einfach keine Stellung beziehen. Und um Charlotte auch etwas vom Thema ›Britta‹ abzulenken, fragte er, während er Pummel einen Klaps gab, weil ihm dieser die Pfoten auf die Oberschenkel gesetzt hatte und ihm jetzt übers Gesicht lecken wollte: »Was ist denn das für eine Gruppe, in der du da bist?«

Charlotte wurde jetzt noch lebhafter. »Du, das kannst du dir gar nicht vorstellen, wenn du nicht mal dabei gewesen bist. Weißt du, wir reden ganz offen und spontan über alles, was uns so bedrückt, wir tauschen uns aus, wir spielen so richtig alles durch, was uns im Alltag begegnet. Jeder sagt ganz offen seine Meinung. Natürlich wird das Ganze strukturiert, weißt du, durch unsere Gruppenleiterin. Und natürlich wird auch niemand wirklich gezwungen, irgendwas zu sagen. Aber die ganze Atmosphäre ist halt so, dass man automatisch seine Probleme zur Sprache bringt. Anders geht das ja auch gar nicht, du kannst nämlich nicht bloß Beobachterin sein, sonst bringt dir das gar nichts. Ich meine, das habe ich Britta auch immer gesagt. Ich habe immer zu ihr gesagt: ›Ich versuche, dich zu verstehen, aber du musst dann auch deine echten Gefühle artikulieren. Ich nehme dich doch so an, wie du bist. Aber dazu musst du auch du sein, nicht wahr. Nicht bloß sagen, dass es dir schlecht gehst. Du musst das schon konkretisieren.‹ Und ich habe sie gefragt, ob ihr beispielsweise nicht klar wäre, dass sie die Angst vor ihrem Vater, die sie in ihrer Kindheit empfunden hatte, auf ihre heutige Situation, vielleicht sogar auf mich, überträgt.«

Jetzt sank sie in sich zusammen. »Aber sie hat immer nur den Kopf geschüttelt und sich geweigert, gewisse Tatsachen anzuerkennen. Sie lebt in einer Traumwelt, und da will sie einfach nicht rauskommen. Weißt du, mir ist es immer so vorgekommen, als wenn sie sich an diese Traumwelt klammert wie an einen Rettungsring und nicht sieht, dass gleich hinter ihr die wunderbare Insel der Wirklichkeit liegt.«

Wo hat sie denn das wohl gelesen?, überlegte Graubart. Er schüttelte seinerseits den Kopf, wenn auch nur innerlich, und brummte wiederum etwas vor sich hin. Charlotte hatte die Ellbogen auf die Knie gesetzt und den Kopf in die hohlen Hände geschmiegt. Sie sah ihn von schräg unten an. »Du glaubst mir nicht, hm? Aber wenn ich's dir sage, genauso ist es. Wir, das heißt Bernd und ich, haben uns schon öfter überlegt, wie wir Britta helfen können, und wir sind zu der Auffassung gekommen, es wäre auch für sie am besten, wenn sie mal eine Therapie machen würde. So geht es schließlich nicht weiter mit ihr, vor allem, weil auch Jule da ist, die schließlich eine ruhige, ausgeglichene Mutter braucht und keine...« Sie hielt beinahe erschrocken inne, und Graubart beendete für sich im Stillen den Satz:

... keine durchgeknallte Tante.

Etwas ruhiger fuhr Charlotte fort: »Nur, wie sagt man das jemandem, der völlig uneinsichtig ist, wenn es um die Ursachen seiner Schwierigkeiten geht? Britta ist auf vielen Gebieten ziemlich empfindlich, und ich fürchte halt, wenn wir ihr das vorschlagen würden, ginge sie gleich an die Decke und würde uns unterstellen, wir wollten sie abschieben, uns nicht mehr um sie kümmern. Dabei stimmt das überhaupt nicht! Gerade jetzt, mit Jule, wäre so etwas dringlicher denn je! Dann würden bestimmt auch die Schwierigkeiten mit dem Stillen aufhören, und sie müsste Jule nicht mehr diesen Fertig-Fraß geben. Was meinst du, wie oft ich ihr das schon vorgehalten habe. ›Britta, dieser Fertig-Fraß ist nichts für dein Baby! Das wirst du schon noch merken. Später, wenn Jule mal Schwierigkeiten macht, wenn sie vielleicht sogar schon unheilbar krank ist durch dieses Zeugs.‹ Aber selbst dann hat Britta mir nicht geglaubt. Ebenso wenig, wie sie mir geglaubt hat, wenn ich zu ihr gesagt habe: ›Such dir professionelle Hilfe, und dann lösen sich deine Probleme irgendwann wie von selbst.‹«

Sie sah Graubart hilfesuchend an. Sie tat ihm leid. Auch Bernd tat ihm leid. Beide hingen an einem Tropf, der ihnen das Überleben sicherte, und beide waren der Meinung, ohne diesen Tropf könnte auch kein anderer überleben. Also wollten sie auch Britta dranhängen. Er schüttelte erneut innerlich den Kopf. Er konnte Charlotte keinen Rat geben, so sehr sie ihn auch darum bitten mochte. Ebenso wenig wie Britta glaubte er daran, dass sich die Probleme dann wie von selbst lösen würden. Irgendwann, ja. Am Sankt-Nimmerleins-Tag. Oder so lösen wie bei Bernd, der Graubart mehr von der Rolle zu sein schien als Britta, soweit er sie bisher aus den Berichten der anderen kennengelernt hatte. Er ahnte, was Charlotte ihn fragen wollte, als sie ihn jetzt so ansah, und wiederum wünschte er sich, dieser Kelch möge an ihm vorübergehen, doch da öffnete sie schon den Mund zum Sprechen.

»Weißt du, ich... wir haben uns überlegt, wenn Britta jetzt zurückkommt und du vielleicht noch da bist und so... vielleicht könntest du ja ein Wort mit ihr reden... natürlich nur, wenn du willst«, setzte sie eilig hinzu, wahrscheinlich, weil ihr sein abweisender Gesichtsausdruck aufgefallen war.

Jetzt schüttelte Graubart auch sichtbar den Kopf. »Nein, Charly. Tut mir leid. Das werde ich nicht tun. Ich könnte dir auch meine Gründe dafür sagen, aber das würde vermutlich zu lange dauern, und ich weiß auch nicht, ob du sie verstehen würdest. Mal ganz abgesehen davon, dass ich vermutlich sowieso schon weg bin, wenn Britta zurückkommt...«

»Wie kommst du darauf?«, fragte Charlotte so rasch, dass Graubart zurückschrak. Sie sah ihn an, als ob sie glauben würde, dass er etwas über Britta wüsste, was sie nicht wusste. Jetzt musste er mit seiner Antwort vorsichtig sein.

»Nun ja, länger als bis morgen, spätestens übermorgen, werde ich kaum bleiben.«

»Na und? Britta kann jeden Augenblick zurück sein.«

»Gut, möglich. Aber ich glaub's nicht. Ich halte es für wahrscheinlicher, dass ihr irgendetwas derart Grundlegendes dazwischengekommen ist, dass sie noch eine Weile lang wegbleiben wird.« Es waren müßige Worte, ausgesprochen müßige Worte, um irgendetwas zu sagen. Er hatte bei dieser ganzen Geschichte ein äußerst dummes Gefühl, das er leider jedoch nicht konkret in Worte fassen konnte. Irgendetwas stimmte da nicht. Nur was es war, das wusste er natürlich nicht. Er wusste lediglich, dass er sich selten getäuscht hatte, wenn ihm so zumute war.

Charlotte wirkte enttäuscht, doch dann erhob sie sich mit einem entschlossenen Ruck. »Schön, wie du willst. Es war schließlich bloß eine Frage.« Sie rief Pummel, der sich inzwischen wieder im Park herumtrieb, und als er herangelaufen kam, meinte sie zu ihm: »Na, du, ich glaube, wir gehen wieder zurück, nicht?« Pummel sah wie üblich erwartungsvoll zu ihr auf und wackelte mit seinem Stummelschwanz und verstand diesmal anscheinend, was sie gesagt hatte, denn er machte sich sogleich in Richtung seines Zuhauses auf. Auch Graubart erhob sich und folgte ihr, die es auf einmal ziemlich eilig hatte. Kaum, dass er ihr folgen konnte.

Wortlos gingen sie zum Haus zurück, wortlos schloss Charlotte die Haustür auf, wortlos schloss sie die Tür zu ihrer Wohnung auf. Dann jedoch drehte sie sich zu Graubart um, der ihr sehr langsam gefolgt war, und sagte: »Ja, dann tschüs, nicht? Nimmst du Pummel mit hoch?« Sie wandte sich ab.

Graubart war schon fast an der Kehre, da hörte er Charlotte hinter sich sagen: »Aber du sagst doch nichts den anderen?«

Ärgerlich drehte er sich um. »Was hältst du eigentlich von mir?«

Charlotte wurde knallrot. Automatisch dachte Graubart: *der vierte Rotton*, und er musste grinsen. Sie interpretierte sein Grinsen offenbar anders, denn sie wirkte jetzt sehr erleichtert und meinte: »Ach, du bist schon irgendwie in Ordnung!«, woraufhin sie die Wohnungstür hinter sich zuzog. Graubart ging die nächste Treppe hoch und schellte, was eigentlich überflüssig war, denn Pummel hatte sich bereits lautstark durch Bellen bemerkbar gemacht.

Es war Annette, die ihnen beiden öffnete, und Graubart sah sogleich, dass hier oben keineswegs eitel Sonnenschein herrschte, trotz des Wetters draußen. Annette wirkte sogar wie drei Tage Regenwetter. »Was ist denn los?«, fragte Graubart unwillkürlich.

Sie trat etwas zurück. »Ach, komm erst mal rein!«, meinte sie. »Es muss ja nicht das ganze Haus mitbekommen.«

Sein Gesicht musste ein einziges Fragezeichen gewesen sein, denn Annette sagte sogleich, nachdem sie die Wohnungstür hinter ihm geschlossen und Pummel in Brittas anderes Zimmer verbannt hatte: »Du, diese Anwältin hat vorhin wieder angerufen und nachgefragt, ob Britta denn nicht endlich wieder aufgetaucht wäre – sie müsse sie dringender denn je sprechen.«

Ferdi trat aus der Küche, und auch er sah aus, als wären ihm mehrere Läuse über die Leber gelaufen. Und beinahe ganz ohne sein vornehmes Getue sagte er: »Graubart, da ist was passiert, was Schlimmes! Wenn nur diese Anwältin mit der Sprache herausgerückt wäre. Sie hat nur immer wieder gesagt: Mensch, Leute, helft mir doch, sie zu finden! Es geht... und dann hat sie abrupt aufgelegt. Es hat sich so angehört, als hätte sie sagen wollen:... um Leben und Tod – und nicht bloß um eine ganz normale Rechtssache.«

Sie baten Graubart in die Küche, obgleich der sich lieber wieder hingelegt hätte. Der kurze Gang mit Charlotte und Pummel sowie der Aufenthalt auf der Parkbank hatten ihm einerseits zwar sehr gutgetan, andererseits fühlte er sich schon wieder völlig erschöpft. Zudem spürte er bereits, dass der Dieselmotor in seinem Kopf wieder in Schwung kam. Er verfluchte immer mehr diese Erkältung, die ihn so lange hier festhielt.

»Mensch, Graubart, ich habe demnächst eine wichtige Klausur, und ich... wir... wir wissen wirklich nicht mehr, was wir tun sollen. Annette hat sogar vorhin noch mal in Hannover angerufen, bei ihrem Freund, aber da meldet sich niemand.«

Annette spielte mal wieder mit ihren Clogs, während sie auf dem Fensterbett saß und rauchte. Offenbar durfte sie nur am offenen Fenster rauchen. Ferdi hockte wie das berüchtigte Häufchen Elend am Küchentisch. *In was bin ich da eigentlich hineingeschlittert?*, überlegte Graubart verzweifelt, und der Dieselmotor in seinem Kopf schaltete mindestens zwei Gänge höher. Als dann Pummel im Nebenzimmer aufjaulte, wäre er am liebsten davongelaufen.

»Ach, Scheiße!«, fluchte Annette, warf den Zigarettenstummel, wie üblich, in den Hof hinunter und rannte hinüber. Graubart beobachtete, wie sie die schwarze Promenadenmischung herüberholte.

Ferdis Vornehmheit war nur noch rudimentär vorhanden, als er wiederholte: »Was sollen wir denn nun machen?«

Mensch, dachte Graubart mit hämmerndem Kopf, *das hättet ihr euch alles etwas früher überlegen müssen!* Laut sagte er: »Das weiß ich auch nicht. Warum fragst du?«

Ferdis Kopf sank auf die Arme hinab, und Graubart hätte schwören können, dass er fast schluchzte, als er jetzt erwiderte: »Weil... Du bist doch... Du hast doch bestimmt mehr Erfahrung... und so...«

»Wenn Britta wieder hier in Sächelen ist, wird bestimmt alles in Ordnung kommen«, sagte er beschwichtigend, obgleich er weniger denn je daran glaubte. Es musste etwas wirklich Gravierendes geschehen sein, wenn sich eine Anwältin so hinter einen Fall klemmte, da war er sich mehr als sicher. Eigentlich jedoch wollte er jetzt nur noch ins Bett, wollte schlafen, möglichst lange schlafen. Er zitterte, und ihn überlief es eiskalt. Er war stark erkältet – *natürlich, was auch sonst?*, dachte er –, und hatte das längst noch nicht überstanden. »Das muss es auch«, fuhr er aus einer bestimmten Überlegung heraus fort, »wo das Ganze so wichtig ist.«

Ferdi hob langsam den Kopf. Er wischte sich mit einem Papiertaschentuch – hundert Prozent Altpapier – übers Gesicht und nickte. »Natürlich, Graubart, da hast du völlig recht.« Und dann, ein wenig fester und fast schon wieder in seiner üblichen Manier: »Wie ich bereits sagte, besitzt Britta mein vollstes Vertrauen.«

Tröstlich, dachte Graubart. Er betrachtete nachdenklich das noch immer nicht abgewaschene Geschirr neben der Spüle. Offenbar hatte auch hier etwas anderes stattgefunden als ein normaler fröhlicher Plausch beim Abwasch nach einem normalen samstäglichen Essen. Annette folgte Graubarts Blick und sagte: »Du liebe Güte, das haben wir ja völlig vergessen!« Sie ging zur Spüle hinüber, setzte den Stopfen in den Abfluss und drehte die Wasserhähne auf.

In diesem Augenblick klingelte das Telefon. Ferdi sprang so rasch auf, dass er den Stuhl, auf dem er gesessen hatte, ganz unweltmännisch einfach umwarf.

»Ja?«, hörten Graubart und Annette, die die Wasserhähne sogleich zugedreht hatte, ihn keuchen. Daraufhin folgte ein längeres Schweigen. »Nein, wirklich nicht«, sagte Ferdi und holte hörbar Luft. »Also, was glauben Sie eigentlich... wir sind doch keine...«

Er kam nicht zum Weiterreden. Wieder eine Weile Stille, und dann sagte Ferdi, offenbar völlig verzweifelt: »Nein!« und wiederholte: »Nein!« Das letzte »Nein« brüllte er, und Annette sah mit offenem Mund zum Flur hinüber, wo der Apparat stand. So hatte sie Ferdi vermutlich noch nie erlebt. »Sie sind doch bekloppt!« Mit diesem Worten schmiss Ferdi den Hörer auf die Gabel und wurde sich offenbar erst langsam bewusst, wo er sich eigentlich befand. Er trottete in die Küche zurück und ließ dabei die – nicht vorhandenen – langen Ohren ebenso hängen wie Pummel, der mehr oder minder unsanft in Brittas anderes Zimmer zurückgeschoben wurde.

»'n Typ von der Kripo«, sagte er, nachdem sich Annette auf dem anderen Küchenstuhl niedergelassen hatte. Graubart musste weiterhin stehen, obwohl er nahe daran war umzukippen.

»Was war denn?«

»Er wollte wissen, ob die Britta da ist. Wäre dringend. Und ob wir denn nicht wüssten, wo sie ist. Wirklich nicht? Es sei wirklich sehr dringend.«

»Der spinnt doch.« Annette wirkte sehr erstaunt, und Graubart warf ein: »Kripo? Hat er denn nichts Genaueres gesagt?«

»Doch. Dass wir uns in Acht nehmen sollten, was wir täten. Dass wir doch bestimmt wüssten, dass wir uns arg in die Bredouille bringen würden – so hat er es wörtlich formuliert –, wenn wir nicht kooperieren würden.«

»Der Typ hat 'ne Meise. Woher wissen wir, dass der wirklich von der Kripo war? Da hat sich irgendeiner einen ganz miesen Scherz erlaubt, wenn du mich fragst. Ich kann mir zum Verrecken nicht vorstellen, was die von Britta wollen. Ausgerechnet von Britta!« Sie schüttelte heftig den Kopf, dass die Mähne nur so flog.

Ferdi wirkte allerdings nachdenklich. Dann meinte er: »Weißt du, normalerweise würde ich das auch denken, aber denk daran, dass die Anwältin Britta ebenfalls sucht. Und was sie da angedeutet hat...«

Graubart spürte trotz des wild hämmernden Motors in seinem Kopf, wie die wahrscheinlich sonst so lockere Atmosphäre in der WG endgültig dahinschwand. Sie machten sich jetzt tatsächlich Sorgen um Britta, möglicherweise sogar um sich selbst. Aber er war außerstande, noch länger hier zu stehen und sich in diese Sorgen hineinziehen zu lassen. Entschlossen stieß er sich vom Schrank ab, an den er sich gelehnt hatte. »Tut mir leid, Leute, aber ich muss einfach wieder zurück ins Bett. Ich bin fix und alle.«

Die beiden anderen nickten, und Annette meinte: »Schon gut, Graubart, wir verstehen schon.« Und in einem schwachen Versuch zu scherzen fügte sie hinzu: »Und wir hoffen, dass du uns nicht angesteckt hast. Schlaf gut!«

8.

Etwa zur gleichen Zeit, da Charlotte und Graubart wieder zum Haus in der Bäckergasse zurückgingen, hatten sich Patricia Garden und Michael Wiemer daran gemacht, Sächelen auf dem Stadtwall zu umrunden. Sie hatten sich vor dem Audimax getroffen, wo sie sich seit ein paar Wochen immer wieder zu solchen Spaziergängen trafen. Für Patricia war das ganz praktisch, sie wohnte nicht weit entfernt, und Michael war es ziemlich gleichgültig, von wo er startete, da er immer froh darüber war, von daheim wegzukommen. Heute allerdings war es ihm nur mit knapper Not gelungen, rechtzeitig einzutreffen, da er am Vormittag in seiner Schule Tests mit potenziell sprachbehinderten Schülerinnen und Schülern durchführen musste, und einer davon hatte sich besonders lang hingezogen.

Der zukünftige Schüler tat Michael schon jetzt leid, denn er war erstens alles andere als schulreif und zweitens auch von seiner sonstigen Entwicklung immer noch sehr weit zurück, was seine lieben Eltern allerdings nicht wahrhaben wollten. Er hatte alle Mühe gehabt, sie daran zu hindern, sich einer möglichen Einschulung an der James-Krüss-Schule für entwicklungsverzögerte Schüler zu widersetzen. Zudem war sein Kollege von der Grundschule, Franz Wohlauf, auch nicht sonderlich hilfsbereit gewesen. Michael Wiemer hatte ihn gebeten, das Protokoll zu führen, was Wohlauf mit den Worten abgelehnt hatte, er wäre in so etwas nie gut gewesen und hätte zudem sowieso keine Zeit zum Schreiben. »Nächste Woche geht es bei uns rund, lieber Herr Wiemer, das können Sie sich gar nicht vorstellen.« Warum es rund ging, erklärte er zwar nicht, aber Michael, der nicht sonderlich gut darin war, anderen etwas aufzudrücken, hatte dann zähneknirschend nachgegeben.

Zu Hause hatte ihn dann eine mehr als wütende Bernadette erwartet. Patricia hatte angerufen und dringendst darum gebeten, um fünfzehn Uhr an ihrem Treffpunkt am Wall zu erscheinen, wie Michaels Frau zornbebend wiederholt hatte. Die nachfolgende Auseinandersetzung hatte daraufhin dazu geführt, dass Michael ums Mittagessen gebracht worden war, und so knurrte ihm während der Fahrt in die Innenstadt auch noch der Magen.

Seine Laune war daher wirklich nicht die allerbeste, als er ausstieg und Patricia bereits wartend am Aufgang zum Wall vorfand. Sie hatte eine Zeitung unter den Arm geklemmt und wirkte ebenfalls alles andere als wohlgelaunt. *Offenbar*, dachte der Lehrer, *macht ihr noch immer diese Sache mit ihrer Studentin da zu schaffen.* Er stieg aus dem Auto, schlug die Tür so heftig hinter sich zu, dass der ganze Wagen wackelte, schloss ab und eilte zu ihr hinüber.

»Hallo, du!«, begrüßte er sie leicht keuchend. Sie nickte lediglich, und er fuhr erschrocken zurück. Er hatte ihr gerade das obligatorische Küsschen auf die Wange geben wollen. »Welche Laus ist dir denn über die Leber gelaufen?«, fragte er.

Statt einer Antwort reichte sie ihm die aufgeschlagene Zeitung. »Hier, lies!«, sagte sie und tippte auf einen Artikel.

Michael Wiemer las. *»Mord an Psychologen!«*, schrie ihn eine Schlagzeile an, und darunter stand, etwas kleiner: *»Kaltblütig vor der Praxis erstochen!«* Und noch kleiner im Artikel: *»War es eine Patientin? Die Polizei befragt sämtliche Patienten des Psychiaters. Allerdings konnten noch nicht alle gefunden werden.*

Insbesondere wird eine junge Frau gesucht, die zur Tatzeit in der Nähe der Praxis gesehen wurde.«

Michael Wiemer warf Patricia einen mehr als skeptischen Blick zu. Sie sagte lediglich:»Lies weiter!«, und er gehorchte. In dem Artikel wurde berichtet, dass am Freitagmorgen ein Psychotherapeut ermordet worden war. Seine Sprechstundenhilfe habe den Therapeuten vor der Tür zum Haus, in dem sich die Praxis befand, vorgefunden. Er hatte einen Messerstich erhalten, einen einzigen, der leider genau das Herz getroffen hatte und somit tödlich gewesen war. Die Tatwaffe hatte die Polizei unweit des Tatorts gefunden. Es war ein Küchenmesser, kein ganz gewöhnliches, sondern eines zum Fleischschneiden. »Schinkenmesser« nannte man die Dinger, wenn der Lehrer sich recht erinnerte. Er reichte Patricia die Zeitung zurück. »Und?«

»Bist du blöd oder was?«, fauchte ihn die Anwältin an. »Ist dir nicht klar, dass das der Therapeut von Br... meiner Mandantin war?« Patricia fing sich gerade noch, denn just in diesem Augenblick kam ein weiteres Pärchen den Wall entlang, eng umschlungen, offenbar hoffnungslos ineinander verliebt und ohne jeden Blick für seine Umgebung.

Der Lehrer folgte ihnen mit den Augen, während er seinerseits zurückfauchte: »Jetzt hör mir mal gut zu, ja? Ich bin heute völlig abgehetzt nach einem stressigen Vormittag nach Hause gekommen, habe mir dann einen endlosen Vortrag von meiner getreuen Gattin über meinen ungetreuen Lebenswandel anhören müssen, dem dann zu allem Überfluss auch noch das Mittagessen zum Opfer gefallen ist. Und das alles nur, weil die gnädige Frau bei mir angerufen und mich hierher zitiert hat. Und jetzt werde ich auch noch angeschnauzt. Noch ein weiteres Wort in diesem Ton, und ich setze mich sogleich in mein Auto und fahre wieder nach Hause. Und deine Sonntagstour morgen kannst du dir auch in den Mond schreiben!«

Patricia hatte ihn während seiner Tirade mit wachsendem Erstaunen angesehen. Und als er jetzt damit fertig war, zumindest Luft holte, sagte sie: »Entschuldige bitte, aber was ist denn in dich gefahren? So kenne ich dich ja gar nicht.«

Und irgendwie brachten es diese Worte fertig, dass die Wut des Lehrers in sich zusammenschrumpfte wie ein Ballon, aus dem man die Luft herausgelassen hatte. »Du kennst noch einiges von mir nicht«, knurrte er, allerdings schon wieder mit dem Anflug eines Lächelns auf dem Gesicht. »Ja, also, das ist der Therapeut von... deiner Mandantin.« Und dann überfiel ihn die Erkenntnis, was Patricia Garden gemeint hatte. »Aber, du meinst doch nicht...? Sie? Das kann ich nicht glauben. Das ist unmöglich. Zu so was wäre sie doch gar nicht imstande, nach dem, was du mir von ihr erzählt hast.«

Die Anwältin lenkte ihre Schritte die Stufen zum Wall hinauf. »Das hat mir diese Freundin von ihr, diese Charlotte, auch erzählen wollen. Hast du aber eine Ahnung, wozu Leute alles imstande sind, wenn sie völlig verzweifelt sind.«

Michael Wiemer folgte ihr, und sofort fielen sie in einen Gleichschritt. »Aber Britta... und... nee, also, Patricia das geht nun doch zu weit. Sie hätte ja rein körperlich gar nicht die nötigen Voraussetzungen zu so was. Der Mann ist erstochen worden! Erstochen! Dazu gehört doch 'ne beträchtliche Körperkraft!« Er schüttelte heftig den Kopf.

»Oder 'ne beträchtliche Wut und Verzweiflung.« Die Anwältin hakte sich bei ihm ein. Sie war heute für ihre Verhältnisse außergewöhnlich unmodisch gekleidet. Blue Jeans, noch nicht mal im Karottenstil, feste braune Schuhe, dicker Pullover, fast ebenso übrigens wie der Lehrer, nur dass dessen Pullover eine Spur dunkler war als der ihre. Auf einer Bank vor ihnen saßen zwei Obdachlose neben einem Stapel geleerter Bierflaschen. Pfandflaschen, wie der Lehrer bemerkte, und als sie an den beiden vorüber und außer Hörweite waren, meinte er:

»Jetzt werden sogar noch die Penner umweltbewusst.«

Patricia gab trocken zurück: »Klar, wir haben hier eine neue Art von Pennern vor uns, den Öko-Penner, auch Recycling-Penner genannt.« Michael Wiemer lachte etwas gequält. »Obwohl das ja offiziell ›Obdachlose‹ zu sein haben.«

Eine Weile lang gingen sie schweigend dahin. Schließlich sagte der Lehrer: »Du bist also wirklich der Ansicht, dass Britta damit zu tun haben könnte, ja? Das wäre allerdings, gelinde gesagt, katastrophal.«

»Allerdings«, erwiderte die Anwältin.

»Meinst du nicht, wir sollten doch lieber der Polizei sagen, was wir wissen?«

»Hör auf!«, fuhr ihn Patricia gleich an. »Wir wissen gar nichts! Und dass Britta bei ihm in Behandlung war, sollen sie gefälligst selbst rausfinden. Sie wissen's übrigens sogar bereits.« Michael sah sie überrascht an. »Ja. Erst jetzt fällt mir dieser merkwürdige Anruf ein, von dem mir diese Charlotte gestern Vormittag erzählt hat. Warum hätten die von der Polizei sonst anrufen sollen? Klar!« Sie hörte sich so an, als wäre ihr dieser Gedanke auch erst jetzt gekommen. »Zunächst hatte ich ja gedacht, das hätte etwas mit der aktuellen Sache zu tun, verstehst du, obwohl ich mir nicht vorstellen konnte, was es da noch groß zu ermitteln geben sollte. Das war alles geklärt. Wenn sie allerdings die Patienten des Therapeuten durchtelefoniert haben, mussten sie sich natürlich früher oder später auch in der WG melden. Nein, wir können jetzt lediglich versuchen, unseren Vorsprung – wenn man davon überhaupt noch sprechen kann – auszunutzen und Britta rascher finden als sie. Also, so was habe ich bislang noch nie erlebt! Ich meine, ich bin mir schon gestern früh wie Sherlock Holmes persönlich vorgekommen. Und da fällt mir noch was ein. Habe ich dir schon von der Kritzelei auf dem Tisch erzählt?«

Sie berichtete Michael in aller Kürze, was sie auf dem Tisch gelesen hatte, und er war jetzt ebenso erschrocken wie sie gestern. »Ach du liebe Güte«, sagte er. »Was meinst du, was los ist, wenn die Polizei das erfährt.«

»Dennoch«, überlegte Patricia, »was hätte Britta für ein Motiv haben sollen, ihren eigenen Therapeuten umzubringen? Das wiederum kann ich mir nicht vorstellen.« Sie riss im Vorübergehen einen Grashalm aus, steckte ihn in den Mund und kaute darauf herum. Erneut gingen sie längere Zeit schweigend dahin.

Schließlich meinte Michael: »Vielleicht sollten wir die Dinge wirklich nicht so schwarzsehen. Wer weiß beispielsweise, was dieser Graubart noch alles herausbekommt! Und dieses Minchen da aus dem *TOP*. Ich bin mir übrigens sicher, die wird auf jeden Fall fragen. Schon allein aus dem Grund, damit ich sie auch wirklich anrufe.«

Die Anwältin stieß mit dem Fuß einen dürren Ast beiseite. »Na schön. Aber selbst wenn sie fragt, wirds zu spät sein, denke ich. Nächsten Mittwoch! Bis dahin hat die Polizei Britta fünfmal gefunden. Nein, nein, wir müssen uns was anderes einfallen lassen.« Und sie setzte hinzu: »Sag mal, wen wollte die denn eigentlich fragen?«

»Ach, irgendjemanden, die sie ab und zu betreut. Eine Carola, Psychologin hier an der Uni«, erwiderte Michael.

»Carola? Psychologin?« Patricia Garden blieb überrascht stehen. »Du, ich glaube, die kenn ich.«

»Was?« Auch der Lehrer war stehen geblieben. »Bist du dir da sicher?«

»Nein, sicher bin ich mir nicht... aber während meiner Studi-Zeit hier in Sächelen hab' ich mal mit einer Carola in einer WG zusammengewohnt, die machte gerade ihr Diplom in Psychologie, die Carola, meine ich. Soweit ich mich erinnere, wollte die in Sächelen bleiben, weil sie eine Stelle am Psychologischen Institut in Aussicht hatte und promovieren und vielleicht sogar habilitieren wollte.«

»Wie lange ist das denn her?«

Sie waren weitergegangen, überquerten jetzt die Feldstraße und warfen einen kurzen Blick auf die Wallstraße, wo aus dem Verkehrsstrom ein Verkehrsrinnsal geworden war. »Samstagnachmittag«, murmelte Patricia, und Michael Wiemer ergänzte:

»Da möchte ich auch nicht jeden Morgen und jeden Nachmittag im Stau stecken...«

»Um auf Carola zurückzukommen«, meinte die Anwältin, als sie wieder auf dem Wall waren, »es wäre natürlich durchaus möglich, dass das jemand ganz anderer ist... aber Sächelen ist schließlich so klein, dass ich manchmal kaum über die Singener Straße gehen kann, ohne fünfundzwanzig Bekannte zu treffen. Nachfragen sollte also nicht schaden. Ich kann mir nur nicht vorstellen, wie eine so knochentrockene Person wie die Carola, der nichts wissenschaftlich genug sein konnte, dazu käme, jemanden zu betreuen...«

»Vielleicht als Hobby, rein privat?«

Patricia zuckte die Achseln. »Mir eigentlich egal. Ich rufe auf jeden Fall einfach mal bei Carola an. Wie spät ist es jetzt? Hm, da werde ich sie kaum beim Mittagsschläfchen stören. Eher bei der Arbeit, wie ich sie kenne«, setzte sie grinsend hinzu. »Wie hieß die denn bloß mit Nachnamen?«, überlegte sie dann. »Diese dämliche Studi-Angewohnheit, sich nur per Vornamen zu kennen... irgendwas mit B...« Die Anwältin grübelte längere Zeit.

Mittlerweile hatten sie das AZI erreicht, das Autonome Zentrum Innenstadt, in manchen Kreisen besser bekannt als Asozialen-Zentrum Innenstadt. Aus dessen Fenstern hingen mal wieder diverse Spruchbänder: *»Zusammenlegung sofort!«*, oder auch: *»Das AZI bleibt für immer!«*

»Phrasendrescherei«, murmelte Michael Wiener, und Patricia nickte, allerdings mehr so nebenbei, als ob sie gar nicht recht zugehört hätte. Auf jeden Fall, dachte der Lehrer, würden die Transparente vermutlich innerhalb der nächsten vierundzwanzig Stunden neben dem rätselhaften Mord an dem Psychologen für weiterer Zünd- und Zeitungsstoff sorgen, und jeder ehrbare Bürger der Stadt könnte sich mal wieder hellauf empören, weil solche auch noch städtische Gelder erhielten. Er überlegte, ob dort vielleicht sogar einige seiner ehemaligen Schülerinnen und

Schüler verkehrten, wurde jedoch von einem jähen Auflachen der Anwältin aus seinen Gedanken gerissen.

»Michael, jetzt hab ich's! Hellmer, so heißt sie. Und wird vermutlich immer noch so heißen. Ich kann mir einfach nicht vorstellen, dass die geheiratet haben soll.«

»Mit B.«

»Wie bitte?«

»Hellmer mit B. Du hast doch vorhin gesagt, irgendwas mit B.«

»Hör auf zu kalauern. Carola Hellmer, klar!«

Die nächsten Telefonzellen standen am Mullittor, gegenüber der Kiste der Kreissparkasse, und Patricia strebte mit langen Schritten darauf zu, während Michael überlegte, wo er diesen Namen schon mal gehört hatte. Er war sich ganz sicher, ihn erst vor Kurzem gehört zu haben, wusste jedoch nicht mehr, wo das gewesen sein könnte. In der Schule? Kaum. Er ging im Geiste rasch die Liste der Leute durch, die dienstlich mit ihm zu tun hatten. Wo dann? Er schüttelte den Kopf. Im Augenblick nutzte weiteres Überlegen nichts. Es würde ihn lediglich verrückt machen. Zudem hatten sie jetzt die Telefonzellen erreicht. Glücklicherweise waren sie nicht besetzt.

»Willst du mit reinkommen?«, fragte Patricia, als sie eine der Türen öffnete.

Michael lehnte ab. »Ist mir zu eng da drin.« Er vertiefte sich in die Lektüre der Plakate, die an der Litfaßsäule gleich neben den Telefonzellen hingen: Jazz im *TOP*, Jazz im Blueskeller, Jazz im KUKURUZ-Keller, Folk im Folkkeller, Lesung in der Stadtbibliothek – nichts, was ihn wirklich interessiert hätte. Wie beispielsweise mal ein anständiges Konzert mit einem Streichquartett. Durch die Scheibe des

Telefonhäuschens sah er, wie Patricia eifrig auf jemanden einredete. Er wandte den Blick ab und schaute sich um. Komisch, dass die Stadt an Samstagnachmittagen immer irgendwie trostlos wirkte, selbst bei diesem schönen Wetter. Der Wall war nahezu verödet, ohne die vielen Sächelenerinnen und Sächelener mit und ohne Hund oder Kind, die einander an Sonntagnachmittagen häufig fast auf die Füße traten. *Wahrscheinlich ist der Wall deshalb so beliebt*, dachte der Lehrer, *weil man immer wieder dahin zurückkommt, von wo aus man aufgebrochen ist, und sich dennoch fast wie in freier Natur fühlen kann.* Die vielen Büsche und Bäume zu beiden Seiten des Wegs brachten es halbwegs fertig, den Verkehrslärm von der Straße unten abzuhalten. Man konnte sich, mit einigen Abstrichen, tatsächlich wie im Wald vorkommen. Und er grinste angesichts der so trefflichen Doppeldeutigkeit dieses Ausdrucks.

Er sah wieder zu Patricia, aber die redete noch immer auf die Sprechmuschel des Telefons ein. Entweder musste sie sich so lange durchfragen, oder sie hechelte mit ihrer Ex-WG-Kollegin alte Jugenderinnerung durch. Er hatte bis jetzt übrigens noch nicht gewusst, dass die Anwältin auch einmal in einer Wohngemeinschaft gelebt hatte, aber dann dachte er daran, dass es wohl nur wenige Studenten – und Studentinnen, setzte er innerlich lächelnd hinzu – in Sächelen gab, denen dieses zweifelhafte Vergnügen erspart geblieben war. Außerdem tat er Patricia im Augenblick auch unrecht. Wenn sie etwas in die Hand nahm, tat sie's gründlich und genau – weitaus gründlicher und genauer, als er selbst je etwas tat oder getan hatte. Vielleicht war es auch das, was ihn so an ihr anzog. Und was ihn – dessen war er sich jedoch auch sehr wohl bewusst – zugleich wieder auf Distanz hielt.

Er selbst hielt sich für einen Berufschaoten, und jemand, der etwas sehr rasch und einfach organisieren konnte, stieß ihn fast ab. Er erinnerte sich an einen Ausspruch eines seiner eigenen Lehrer, den er vielleicht deswegen behalten hatte, weil er ihm uneingeschränkt beipflichtete: »Hach, diese aufgeräumten Wohnzimmer bei meiner Schwiegermutter – die kann ich einfach nicht leiden. Das ist ja beinahe schon frigide!«... *fast wie Bernadette*, setzte er in Gedanken hinzu und schämte sich sogleich dafür. Natürlich lag es nicht nur an ihr, dass ihre Ehe dabei war, in die Brüche zu gehen, möglicherweise schon längst in die Brüche gegangen war. *Vermutlich haben wir voneinander zu viel erwartet*, überlegte Michael, *und wir haben vermutlich zu lange geglaubt, der andere würde irgendwann einmal den eigenen Erwartungen entsprechen. Früher habe ich nie geglaubt, dass auch ich einmal zu den Leuten gehören würde, die ihrem Partner wirklich nichts mehr zu sagen haben. wir hätten uns schon längst trennen sollen,* dachte er, *als das noch ohne viel Tränen und Geschrei und – vor allem – ohne wechselseitigen Hass möglich war.* Oder war es schon gar kein Hass mehr? Wars nicht vielmehr bereits Gleichgültigkeit, was er Bernadette gegenüber empfand?

Jemand tippte ihn auf die Schulter, und er fuhr erschrocken herum. Patricia stand vor ihm, die ihr Telefongespräch offenbar beendet hatte. »Sie ist's tatsächlich!«, verkündete sie und wirkte nicht mehr ganz so bedrückt wie zu Beginn ihres Spaziergangs. »Und sie hat sich – nach einigem Hin und Her – sogar bereit erklärt, mir etwas von ihrer kostbaren Zeit zu opfern und sich morgen Nachmittag mit mir im *Wiener Café* zu treffen.«

»Edel, edel«, meinte Michael, der Sächelens Nobel-Café nicht ausstehen konnte. Patricia überging seinen Einwand. »Michael, vielleicht hast du ja recht, vielleicht kommen die Dinge trotzdem wieder ins Rollen! Und vielleicht kriegst du ja sogar was in Veeden raus. Komm, wir wollen unsere Runde beenden.«

Sie überquerte die Mullitstraße vorschriftswidrig zehn Meter neben der Ampel und dem Zebrastreifen, was zu normalen Verkehrszeiten einem Himmelfahrtskommando gleichgekommen wäre. Hinter der Kreissparkasse und den öffentlichen Toiletten mit eingebautem Kiosk – oder umgekehrt – stiegen sie über die Treppen wieder auf den Wall und gingen weiter.

»Weißt du«, sagte Patricia, »während des Gesprächs mit Carola habe ich mir immer wieder überlegt, weswegen ich mich eigentlich gerade in diesen Fall so reinklemme. Das habe ich noch nicht mal während meiner Zeit beim Reimann gemacht, als es da um die Asylbewerber ging. Natürlich bin ich schon damals froh und glücklich über jeden Antrag gewesen, den wir durchbekommen haben, aber dennoch... damals musste ich sehr viel mehr mit dem Kopf drangehen als jetzt.«

»Das Hemd ist einem halt näher als die Jacke. Alter Spruch. Stimmt aber.«

»Das versteh ich jetzt nicht.«

»Du hast vielleicht diese Leute immer nur so abstrakt als Asylbewerber gesehen... Scheiße!«, unterbrach sich der Lehrer. Er blieb stehen, und Patricia tat es ihm überrascht nach. Sie hatten eine Stelle auf dem Wall erreicht, von wo aus man auf den sogenannten Karpfenteich sehen konnte, einem Gewässer in einem kleinen Park, einem ehemaligen

Friedhof. Dort unten tummelten sich neben vielen Enten, Wasserhühnern und Schwänen, die das schmutzig-grüne Wasser offensichtlich nicht weiter störte, auch eine Schar Kinder. Wobei ›tummeln‹ gewiss zu freundlich ausgedrückt war, denn es handelte sich eigentlich um eine wüste Prügelei, und in einem der Hauptakteure glaubte Michael, einen Schüler aus ihrer Schule zu erkennen, aus der Klasse 3-4. *Justin. Natürlich. Groß, stark und doof. Ein geradezu vollkommenes Klischee*, dachte der Lehrer bitter. Er hatte diesen Jungen in der Eingangsklasse und der ersten Klasse genossen und war froh gewesen, als er ihn hatte weiterreichen können. Dieser Justin hielt einen wenigstens zwei Jahre jüngeren Knaben im Schwitzkasten auf dem Boden und fand offensichtlich viel Gefallen daran, dass der Jüngere laut um Hilfe schrie. Der Lehrer sah sich rasch um, doch von hier aus gab es keine Möglichkeit, dort hinunterzukommen und Hilfe zu leisten. Die Büsche standen, bis auf diese Schneise, viel zu dicht, und es war zudem verdammt steil und glitschig. Und bis er die Treppe hinter ihnen wieder erreicht hätte und dann den Kampfplatz unten, wäre alles wahrscheinlich schon längst wieder vorüber. Nicht, dass er nicht ein klein wenig froh darüber war, denn beinahe mehr als alles andere hasste er körperliche Gewalt, und ihm war immer mehr als unwohl, wenn er sich auf dem Schulhof zwischen zwei Schüler stellen musste, die gerade aufeinander los wollten. Er ballte die Fäuste und warf Patricia einen Blick zu, die das Geschehen gleichfalls beobachtete. Ihren Gesichtsausdruck vermochte er allerdings nicht zu lesen. Dann griff jedoch eine ziemlich junge Frau sehr energisch ein und setzte der Prügelei ein jähes Ende. Sie wurde von Justin so wüst beschimpft, dass man es sogar hier oben noch hörte, und der Lehrer dachte unwillkürlich: *Da sieht man's wieder. Im Unterricht kriegt der keine zwei Worte richtig raus, aber hier ist er zu einem erstaunlichen Redefluss imstande.* Die junge Frau ließ sich aber nicht einschüchtern, sondern hob die Hand und hätte Justin sicherlich links und rechts ein paar heruntergehauen, wenn der nicht die Beine in die Hand genommen hätte. Die Frau kümmerte sich gar nicht weiter um ihn, sondern nahm den kleinen Jungen tröstend in die Arme, der sich kurz darauf jedoch von ihr losriss und ebenfalls Hals über Kopf verschwand. Den Grund hierfür konnten weder Patricia noch Michael erkennen. Sie setzten ihren Weg fort.

»Ganz schön mutig, die Frau«, murmelte der Lehrer.

»So?«, fragte die Anwältin, offenbar mit den Gedanken ganz woanders.

»Na ja, ich kenne diesen Dicken. Sehr gut sogar. Der ist nämlich bei uns auf der Schule. Gehört da eigentlich aber gar nicht hin. Er hat halt Glück, dass er als sprachbehindert gilt.«

»Je länger ich darüber nachdenke«, sagte Patricia, ohne auf Michaels Bemerkungen einzugehen, »desto mehr komme ich zu dem Schluss, dass ihr vermutlich doch recht habt.«

Jetzt war der Lehrer nicht so ganz im Bilde.

»Du und diese Charlotte, meine ich. Ich kann mir einfach Britta nicht vorstellen, wie sie ihrem eigenen Therapeuten ein Messer in die Brust rammt.«

»Ach so.«

»Mehr fällt dir dazu nicht ein?« Patricia war jäh wieder verärgert.

141

»Entschuldige bitte«, sagte Michael, »aber was soll ich denn dazu noch sagen?«

»Du könntest dir beispielsweise mal Gedanken darüber machen, was wir sonst noch unternehmen könnten, um sie zu finden. Sie sitzt schließlich jetzt metertief in der Scheiße.«

»Oh, so ordinär?«

Die Anwältin blieb stehen. Sie vergrub die Hände in den Hosentaschen, und Michael Wiemer glaubte förmlich zu sehen, wie sie die Schuhe in den Boden stemmte, um genügend Halt zu haben, wenn sie sich gleich auf ihn stürzte.

Ihr Ausbruch fiel allerdings noch vergleichsweise milde aus. »Michael, wenn ich eins nicht ausstehen kann, dann ist es, in einer Sache, die mir was bedeutet, nicht ernst genommen zu werden, klar? Oder ist das zu viel verlangt, wenn du mal ein bisschen ernst sein sollst? Wenn du dir mal ein paar ernste Gedanken machen sollst?«

»Ich mache mir ein paar ernste Gedanken. Über meinen Beruf. Denn ich habe auch einen Beruf, oder ist dir das etwa entgangen? Wenn ich mir ein paar Gedanken über das mache, was dich bewegt, so tue ich das in meiner Freizeit und weil du mir so sympathisch bist. Aber ich kann dir leider auch nicht mit Patenrezepten dienen. Ich weiß nicht, wo deine Mandantin sein könnte, ich rate auch bloß herum.« Er war seinerseits unbewusst in Angriffsstellung gegangen, wie ihm jetzt auffiel. Die Beine ebenfalls fest gegen den Boden gestemmt, den Oberkörper leicht nach vorn geneigt. *Wie zwei Hirsche, die um ihr Revier kämpfen*, dachte er und überlegte zugleich, weshalb sie eigentlich so aneinandergeraten waren. Sie mussten doch um gar kein Revier kämpfen.

Überraschenderweise gab Patricia als Erste nach. Sie entspannte sich sichtlich, grinste sogar verlegen und meinte: »Touché, mein teurer Freund!« Das Grinsen schwand jedoch gleich wieder aus ihrem Gesicht, als sie fortfuhr: »Dennoch, mir wäre es schon lieb, wenn du mich noch etwas unterstützen und keine blöden Bemerkungen machen würdest.«

Mit diesen Worten setzte sie sich wieder in Bewegung, und der Lehrer folgte ihr. Er vergrub jetzt seinerseits die Hände in den Hosentaschen und überlegte erneut, weshalb sich die Anwältin dermaßen in die Sache verbiss. Die wildesten Vermutungen waren ihm schon durch den Kopf geschossen. Dass sie irgendwie mit Britta enger stand, als sie zugeben wollte. Dass Britta vielleicht eine Verwandte war, vielleicht sogar eine Schwester. Das war natürlich Blödsinn, das war ihm von der Vernunft her auch klar, aber selbst er hatte sich bisher noch nie so von einem seiner Schüler vereinnahmen lassen. Und er überlegte, ob das in Ordnung war. Ihm waren bereits genügend Schüler über den Weg gelaufen, da hätte er beim Gedanken daran, welche Voraussetzungen diese Kinder auf ihrem Weg in die Welt mitbekommen hatten, manchmal das große Weinen bekommen. Schlaflose Nächte hatte er deswegen trotzdem nicht gehabt. Im Gegensatz wohl zu Patricia, die heute nicht gerade wie das blühende Leben aussah, und das nicht nur deshalb, weil sie ungeschminkt war.

Eine Weile lang trabte er einen Schritt hinter ihr her wie ein geduldiger Dackel. Die Anwältin war offenbar weiterhin in ihre Gedanken verstrickt, ebenso wie er in die seinen. Schließlich erreichten die beiden den Rochusplatz, der seit langer Zeit lediglich noch als PKW-Abstellplatz diente

und in seiner Hässlichkeit allenfalls noch von der sogenannten Kongresshalle auf der von ihnen aus gesehen
rechten Seite übertroffen wurde. Diese Kongresshalle war
ebenso wie viele andere Bauten während der siebziger
Jahre entstanden, in einer Zeit, als der Stadtrat von Sächelen knallrot und alle in ungeheurer Aufbruchsstimmung
gewesen waren. »Nur ein bisschen noch«, so hieß damals
die unausgesprochene Parole, »nur ein ganz klein bisschen
noch, und wir in Sächelen sind eine wirkliche, richtige,
echte Großstadt, nicht nur der Zahl der Einwohner nach.«
Diese lag sowieso nur deswegen so hoch, weil dank einer
Gebietsreform etliche der umliegenden kleineren Orte
einfach eingemeindet worden waren.

Die Kongresshalle sah im Grunde genommen aus wie
ein Schwimmbad, das seine gekachelte Seite versehentlich
nach außen gekehrt hatte, und die einzigen Kongresse, die
wirklich dort stattfanden, waren Jahrestreffen der ökologi-
schen Kleinbauern und Viehzüchter, die natürlich nur bei
zunehmendem Mond stattfanden. In diesen Augenblicken
suhlte sich Sächelen, oder wenigstens eine bestimmte Sze-
ne in seinem fortschrittlichen Bewusstsein und war sich
gewiss, alle anderen hinter sich gelassen zu haben. Wan-
deln an der Ökospitze!

Michael Wiemer war sich nicht ganz sicher, was Patricia
von seinen Überlegungen gehalten hätte, hätte er sie laut
ausgesprochen. Aber diesen möglichen Streit hob er sich
für einen anderen Zeitpunkt auf. Die Anwältin war inzwischen bereits die Treppe zur Barbarossastraße hinabgestie-
gen, hatte diese überquert und den Theaterplatz erreicht,
mit dem klassizistischen Stadttheater nebst angebautem
Glasfoyer, im Volksmund ›Gewächshaus‹ genannt. *Viel-*

leicht nicht nur wegen der Glasfront, überlegte der Lehrer, *sondern auch, weil es im Innern stets warm und feucht ist.* Die Wasserdichtigkeit dieses vom örtlichen Stararchitekten gebauten Dingsbums ließ nämlich ganz schön zu wünschen übrig. Mitten auf dem Platz vor dem Theater stand eine alte Gaslaterne, die inzwischen natürlich auch nur noch so tat als ob, und sie wirkte jetzt im März noch ein wenig traurig und verloren. Es würde noch einige Wochen dauern, bis die Blumenbeete darunter wieder in allen Farben leuchteten.

»Was ist eigentlich mit dir los?«, fragte der Lehrer etwas verärgert, weil Patricia auf einmal den Spielplan des Städtischen Theaters so intensiv studierte und ihn immer noch nicht weiter beachtete. »Ich hab' gar nicht gewusst, dass du Theater so interessant findest.«

»Du weißt einiges nicht von mir«, gab die Anwältin zurück, und Michael wurde rot, weil er sich an seine Worte vor Beginn des Spaziergangs erinnerte. »So zum Beispiel, dass ich tatsächlich gern ins Theater gehe.«

»Wirklich?«

»Allerdings nicht hier in Sächelen.« Sie grinste und fluchte plötzlich. »Ach Mist! Jetzt hätte ich doch beinahe meine Verabredung vergessen! Sag mal, stimmt die Uhr da drin?« Sie zeigte auf die Uhr im Innern des Glaskastens, und Michael warf einen Blick auf seine Armbanduhr und nickte. »Kurz nach vier«, meinte er. Die Anwältin ging auf einmal rasch weiter.

»Dann muss ich jetzt aber schleunigst zum Bus«, meinte sie. »Ich werd' aber so oder so zu spät kommen.«

»Aber ich kann dich doch rasch hinfahren – wohin musst du denn?«

»Ach, lass nur, ich fahr wirklich lieber mit dem Bus. Ist nicht nötig, dass du mich irgendwo hinbringst – und schon gar nicht rasch.«

Und noch einmal wurde Michael Wiemer rot. Er wusste genau, dass er zum Rasen neigte, auch in der Innenstadt, und die Anwältin konnte es einfach nicht ausstehen, wenn er irgendwo mit quietschenden Reifen um die Ecke jagte oder gar an einer Ampel einen Kavaliersstart hinlegte.

So begleitete er sie noch zurück zum Audimax, wo er sein Auto stehen hatte, während sie sich nach links zu den Haltestellen wandte.

»Bis denn«, sagte sie und küsste ihn leicht auf die Wange und sagte leise: »Und trotz allem, vielen Dank, fürs Mitdenken. Tut schon gut, so jemanden wie dich zu haben.« Und mit diesen Worten war sie verschwunden und bekam so nicht mehr mit, wie der Lehrer innerhalb kürzester Zeit zum dritten Mal knallrot wurde. *Das muss ich mir aber abgewöhnen!*, dachte er, während er ihr nachsah.

Er hatte es nicht eilig mit dem Nachhausekommen. Dort erwarteten ihn doch bloß eine genervte oder sogar stinksaure Frau und ein Stapel noch auszuarbeitender Testergebnisse. Er trabte auf die andere Straßenseite hinüber, wo er seinen Wagen hatte stehen lassen. Erleichtert sah er, dass er heute kein Knöllchen bekommen hatte. Mittlerweile hatte er einen geübten Blick für so was, und Patricia hatte ihn schon mehr als einmal reichlich hämisch gefragt: »Na, eine weitere Stufe auf dem Weg zum nächsten Pünktle in Flensburg erklommen?«

Der Lehrer drehte den Zündschlüssel – nichts. Noch nicht einmal ein leises Husten oder Spucken. Einfach gar nichts. Er stieg wieder aus, und da fiel ihm ein, dass er wohl das Licht hatte brennen lassen. Darum hatten ihn so viele Leute angeblinkt: Weil er so kess gefahren war.

Zum Glück nahte die Rettung bald in Form eines netten Autofahrers mit Starthilfekabel, und wenige Minuten später konnte der Lehrer wieder losfahren. Ebenfalls zum Glück erwies sich die Batterie als nicht nachtragend, und so gelang es ihm ohne weitere Schwierigkeiten, nach Hause zu kommen.

Als er auf der Mulliterlandstraße einen Bus überholte, glaubte er, darin Patricia gesehen zu haben, war sich aber nicht ganz sicher, da er bei diesem mehr als gewagten Manöver sich voll auf die Gegenfahrbahn hatte konzentrieren müssen.

9.

»Sag mal, du wirkst ziemlich bedrückt. Bist du in Schwierigkeiten?«

Patricia Garden musste unwillkürlich beim Gedanken daran lächeln, dass Michael sie das mit fast genau den gleichen Worten vorgestern auch gefragt hatte. »Ach, weißt du, Christine«, seufzte sie, »manchmal läuft einem sein Beruf auch dann hinterher, wenn man's überhaupt nicht haben möchte.«

Christine lachte. »Na, dann komm doch erst mal rein!«

Patricia betrat den dunklen Flur und ging gleich durch ins Wohnzimmer. Ihre Freundin machte sich noch einen Augenblick in der Küche zu schaffen und kam dann, ein Tablett mit einer silberfarbenen Thermoskanne und zwei Tassen in Händen, gleichfalls herein. »Noch immer weder Zucker noch Milch, stimmt's?«

Die Anwältin hatte es sich inzwischen auf einem der beiden riesigen Sessel vor dem niedrigen Tischchen gemütlich gemacht und nickte, während sie sich umsah.

»Nee, hat sich nichts verändert. Stammt noch immer alles von meinem ehemaligen Göttergatten. Ich würd' das Zeug ja gerne rauswerfen, wenn ich nur das nötige Kleingeld für was Neues hätte.«

Es war noch ziemlich früh an diesem Samstag gewesen, gegen neun Uhr, da hatte das Telefon in Patricia Gardens Büro geklingelt.

Sie hatte gerade die erschreckende Meldung in der Zeitung gelesen und war bei dem schrillen Klingeln heftig zusammengefahren. *Polizei!*, war ihr erster Gedanke gewesen. Sie hatte zwar den Anrufbeantworter eingestellt, sich dann aber doch nicht enthalten können, gleich den Hörer abzunehmen.

»Du, Patricia, gut, dass ich dich erwische...« Ihre Freundin sprach ihren Namen immer englisch aus, obwohl die Anwältin dieses ›Pätrischa‹ nicht ausstehen konnte. »Du wirst es nicht glauben, aber der Karli hat sich wieder gemeldet.«

Das ist aber mal 'ne Neuigkeit, hatte die Anwältin gedacht und dabei trotz allem hämisch grinsen müssen. Sie war froh darüber gewesen, dass Christine dies übers Telefon nicht hatte sehen können. Und sie war auch ein wenig froh darüber gewesen, von den eigenen Gedanken abgelenkt zu werden, denn was ihr bei der Meldung vom Mord an dem Diplom-Psychologen und Psychiater Dr. Ingo von W. durch den Kopf geschossen war, war alles andere als angenehm gewesen.

Karl war der Ex-Freund ihrer Freundin Christine Bruckmann. Sie hatte lange Zeit für ihn geschwärmt, obgleich er sich erst nicht auf sie hatte einlassen wollen, es am Ende allerdings doch getan hatte – vielleicht, hatte Patricia manchmal gedacht, weil er einfach der Gelegenheit nicht hatte widerstehen können. Im Grunde eine ganz banale Geschichte, zwar mit viel Tränen und Geschrei endend, aber immerhin mit einer Gewissheit: Es war vorüber.

Zum Glück war Christine Bruckmann robust genug, die ganze Trennung ohne größere seelische Verwundungen zu überstehen, wie sie überhaupt eine Frohnatur war, die nur in ganz seltenen Fällen einmal losheulte. Dann aber umso gründlicher. Die Anwältin hatte vor ein paar Wochen einige Nachmittage bei der heulenden Christine verbracht, bis diese jäh aufgestanden war, eine Vase ergriffen und gegen die Wand geworfen hatte. »So«, hatte es daraufhin geheißen, »jetzt reicht's. Und seine blöde Vase kommt dahin, wo sie schon lange hingehört, nämlich in den Altglas-Container.« Daraufhin hatte sich Patricia wieder beruhigt den eigenen Geschäften widmen können.

Jetzt also hatte Karl sich wieder bei Christine gemeldet, und die brauchte unbedingt jemanden, mit dem sie ausführlichst besprechen konnte, was nun zu tun wäre. Und wer wäre besser dazu geeignet als ›Pätrischa‹?

Die Anwältin hatte erst ablehnen wollen, zumal sie ja auch unbedingt mit Michael sprechen musste. Dann aber hatte Christine so sehr gebettelt, dass sie schließlich doch zugesagt hatte, um vier am Nachmittag zu erscheinen.

Karl war ein Mittvierziger, nur wenig älter als ihre Freundin, ein akademischer Oberrat am Institut für Angewandte Mathematik, wie Patricia wusste.

Sie hatte ihn nur zwei oder drei Mal flüchtig gesehen, aber das hatte schon ausgereicht, sich zu fragen, warum Christine ausgerechnet auf ihn so flog. Vielleicht, weil sie selbst ›bloß‹ Sekretärin an diesem Institut war und zu allen Dozenten aufblickte? Dafür war sie eigentlich nicht der Typ. Viel zu selbstbewusst. Und die Anwältin erinnerte sich auch daran, wie Christine sie genau das gleiche gefragt hatte, nachdem sie Patricia einmal zusammen mit Michael Wiemer in der Fußgängerzone getroffen hatte. Hin und wieder konnte sich die Anwältin nicht des Verdachts erwehren, es mache ihrer Freundin einfach Spaß, sich so jemanden wie Karl zu angeln und nach einiger Zeit wieder fallen zu lassen. Nur, dass es diesmal halt umgekehrt verlaufen war, war nicht abzusehen gewesen. Und jetzt hatte er sich also wieder gemeldet.

Christine Bruckmann dachte nun also die ganze Zeit, sogar während des Kaffeetrinkens und wenn sie ein Plätzchen im Mund hatte, ununterbrochen laut darüber nach, wie sie sich denn verhalten sollte. »Weißt du, mich einfach so wieder mit ihm zu treffen, als ob nichts geschehen wäre, das geht doch nicht. Andererseits ist er ja wirklich süß, und wenn er wieder will – warum eigentlich nicht? Ist ja nicht so, als würde ich ihn nicht noch immer mögen...«

Deine Sorgen möchte ich haben, dachte Patricia. Laut sagte sie jedoch: »Trefft euch doch erst mal irgendwo an einem neutralen Ort, so ganz unverbindlich, und dann kannst du ihn fragen, was er eigentlich genau von dir will.«

Woraufhin Christine sofort geantwortet hatte: »Hach, nein, du, ich weiß nicht. Wenn uns jemand vom Institut zusammen sieht... Die haben sich doch eh schon alle das Maul zerrissen, das kannst du mir glauben.« Dann, nach einigem Zögern: »Ich weiß ja auch gar nicht, wie ich ihm ins Gesicht sehen soll... obwohl, versuchen könnt ich's ja. Weißt du, ich hab' bloß keine Lust, mich so zu benehmen wie die Meurer'sche unten...«

›Die Meurer'sche unten‹ war neben einer stehenden Redensart bei Christine darüber hinaus eine Blondine, die so sehr den Witzen über sie entsprach, dass es schon erstaunlich war. Anscheinend war sie hinter dem Therapeuten her, bei dem sie in Behandlung war, und tat dabei zumeist todunglücklich, weil dieser nichts von ihr wissen wollte. Was sie jedoch nicht daran hinderte, jedem im Haus, der es nicht hören wollte, zu erzählen, wie ›furchtbar nett‹ ihr Therapeut sei und dass er bestimmt ganz viel von ihr halte.

Christine hatte den dringenden Verdacht, dass die Meurer'sche sich alles bloß einbildete. Wie oft hatte sie diese Person schon auf den Mond gewünscht, erzählte sie der Anwältin gerade wieder einmal, wenn sie sich beklagte, dass ›ihr Ingo‹ ihr so wenig Beachtung schenkte.

»Aber nun hör mal«, meinte Patricia, »so blöd wie die wirst du doch kaum sein. Die hat doch offenbar ein Rad ab.«

»Na ja«, erwiderte Christine, »so genau weiß ich das natürlich nicht. Nein, ich meine ja auch nur, ich habe keine Lust, mir irgendetwas vorzumachen. Ich stehe auf dem Standpunkt: Entweder hab' ich eine Beziehung, und dann habe ich sie auch tatsächlich, oder ich habe keine.«

Patricia Garden musste lachen. Wie stets war sie ihrer Freundin dankbar dafür, so geradeheraus zu sein, sich normalerweise nicht sonderlich viel Gedanken darüber zu machen, was sie gerade tat – womit sie zumeist auch richtig lag. Nur wenn es um eine Beziehung ging, wurde sie regelmäßig unschlüssig und musste ihre Freundin zurate ziehen.

»Übrigens, du wirst lachen«, sagte Christine, »aber die Meurer'sche war noch vor zwei Jahren eigentlich gar nicht so blöd, wie sie aussieht. Die ist erst so komisch geworden, seitdem sie bei diesem Therapeuten in Behandlung ist.«

Patricia horchte auf. »Weshalb ist sie denn hingegangen?« Sie fragte unter anderem auch deshalb, um endlich mal ein anderes Thema als Karli hin und Karli her anzuschneiden.

Ihre Freundin dachte längere Zeit nach. »Weiß ich nicht so genau«, sagte sie dann. »Wenn ich mich recht entsinne, hing sie eine Zeit lang mal durch, wegen 'ner Beziehungskiste.«

Oh, nein!, dachte die Anwältin, aber Christine kam zum Glück nicht auf die eigene Kiste zurück, zumindest nicht so penetrant. »War fast so wie bei mir damals, nur dass sie nicht verheiratet war. Der Typ hat plötzlich Ansprüche gestellt, sie durfte nichts mehr allein unternehmen, sie musste immer Bescheid sagen, wenn sie sich mit jemandem traf, aus was für Gründen auch immer, sie sollte sich in allem und jedem nur noch nach seinen Wünschen richten. Da hat ihr irgendwann mal 'ne Freundin geraten, ihn rauszuwerfen. Das hat die Meurer'sche dann auch getan, und zum Glück ging das auch ohne große Komplikationen, aber dann ist diese Freundin noch auf die glorreiche Idee gekommen, sie sollte diese Trennung auch gründlich ›aufarbeiten‹ und hat ihr einen Therapeuten empfohlen. Na ja, zu dem ist sie dann hin, und seitdem ist sie selbst hin. Ich meine, seitdem kann man kaum noch ein vernünftiges Wort mit ihr reden. Immer gehts gleich wieder um ›ihren Ingo‹.«

Auf einmal kam der Anwältin ein Gedanke. »Du weißt nicht zufällig, wie dieser Ingo mit Nachnamen heißt?«

Christine war aufgestanden und hatte damit angefangen, das Geschirr abzuräumen. »Nee, bleib sitzen!«, meinte sie, als Patricia helfen wollte. »Ich habe da so mein System...«

»...und das würde ich dir durcheinanderbringen«, ergänzte die Anwältin lachend. »Also gut.«

Sie wartete, bis ihre Freundin das Geschirr hinausgebracht hatte und mit einer Flasche Sekt und zwei Gläsern zurückgekehrt war. »Prost!«, sagte sie kurz darauf und hob das Glas. Dann fiel ihr wieder Patricias Frage ein, und erst jetzt ging ihr auch die Bedeutung dieser Frage auf. »Nee, du, keine Ahnung. Ich war ja schon immer froh, wenn sie den mal *nicht* erwähnt hat, wenn ich sie im Treppenhaus getroffen habe. Aber... aber... du glaubst doch nicht etwa, dass...« Sie sah Patricia ungläubig an. »Der Therapeut von der Meurer'schen?«

Die Anwältin nickte vorsichtig. »Tja«, sagte sie, »wie's ausschaut, ist's der Therapeut von der Meurer'schen. Einen anderen Ingo gibt's nicht im Branchenbuch.« Auch sie hob das Glas. Der Sekt schmeckte ausgezeichnet, nicht so trocken, dass er in der Kehle staubte, war aber auch kein besseres oder schlechteres Zuckerwasser. Schließlich fragte sie: »Du, wie spät haben wir's eigentlich?«

Die Freundin blickte auf ihre kleine Armbanduhr. »Kurz nach acht«, sagte sie grinsend. »Noch immer keine neue Uhr?«

Auch die Anwältin musste grinsen. »Nein, du weißt doch, dass die alte gerade in Reparatur ist. Und dass ich an der hänge. Das dauert, haben die mir beim Uhrengeschäft gesagt. Einige Teile müssen nämlich von Hand gefertigt werden. Haben mich auch nicht dazu überreden können, mir so 'n neumodisches Digitalmöbel anzuschaffen.« Sie erhob sich. »Danke, Christine, für Speis und Trank, aber ich muss jetzt los.«

»Ich komm noch rasch mit runter, vielleicht drehe ich hinterher noch 'ne Runde. Das Wetter ist ja ziemlich erträglich.«

Kurze Zeit später standen sie an der Haltestelle und warteten auf den Bus. Während sie da so stand, dachte Patricia, dass sie das Haus am Ende der Bäckergasse von hier aus hätte sehen können, wenn da nicht ein paar weite-

154

re Häuser an der Straßenecke schräg gegenüber dazwischen gestanden hätten. *Ob Britta endlich zurückgekommen ist?*, überlegte sie, und dann kam ihr wieder der Termin am Dienstag in den Sinn. Was sollte sie bloß sagen, wenn ihre Mandantin nicht erschien und sie selbst den Grund dafür nicht wusste! Sie schüttelte den Kopf. Darüber konnte sie sich später Gedanken machen.

Plötzlich sagte sie: »Ach Gott! Ausgerechnet der!«

Sie zeigte auf eine Gestalt, die auf der anderen Straßenseite an der Ampel stand und offensichtlich auf grünes Licht wartete. Die Gestalt hatte eine graue Wallemähne und einen ebenso grauen, mächtigen Rauschebart.

»Nanu?«, meinte Christine und schob sich eine blondierte Haarsträhne aus dem Gesicht. »In Sächelen gibt's noch einen alt gewordenen Weihnachtsmann? Und sogar hier in Mullit?«

Der Weihnachtsmann war offenbar in Gedanken versunken, während er die Straße überquerte und auf sie zukam. Patricia sah sich vergebens nach einer Fluchtmöglichkeit um, da sie in dem Weihnachtsmann natürlich sofort Graubart erkannt und im Augenblick nicht mehr so recht Lust hatte, schon wieder mit ihrem seltsamen Fall konfrontiert zu werden.

Graubart war in der Bäckergasse die Decke auf den Kopf gefallen, nachdem Annette und Ferdi zu einer Fete abgedieselt waren. Charlotte war zu einer außerplanmäßigen Gruppensitzung – »Du, da gibt's gerade unheimlich viel Probleme mit einer Neuen, die sich überhaupt nicht einbringen will!« – und Bernd nicht ansprechbar. Er döste auf dem Sessel vor sich hin und rauchte wie der berüchtigte ›Spargel‹, der Schornstein des Uni-Heizkraftwerks. Einen Moment lang hatte Graubart überlegt, ob er Pummel mitnehmen sollte, aber der döste gleichfalls und war auch nach mehrmaligem Streicheln nicht zum Mitkommen zu bewegen gewesen.

Erst jetzt sah Graubart hoch, und sein Blick fiel sogleich auf die Anwältin. Obwohl er gerade nochmals geduscht hatte, war es ihm doch nicht völlig gelungen, den Obdachlosen von sich abzuwaschen, und so war Christine mehr als erstaunt, als der Bärtige plötzlich auf ihre Freundin zuschoss und rief: »Na, das ist ja eine Überraschung! Sie hier?«

Er reichte ihr freudestrahlend die Hand, wollte sie auch Christine reichen, doch die tat so, als ob sie sich die Nase putzen und dabei gleichzeitig den Fahrplan studieren müsste. Dabei entging ihr allerdings nicht, dass Patricia offenbar nicht sonderlich erfreut über die Begegnung war. Sie nahm jedoch die angebotene Hand und schüttelte sie kurz.

»Gut, dass ich Sie treffe«, meinte Graubart. »Ich hätte Sie sonst nachher oder morgen auf jeden Fall angerufen.«

Jetzt wurde die Anwältin auf einmal aufmerksam. »Was Neues wegen...?«

Sie verstummte, wollte keinen Namen nennen und hoffte, dass Graubart bemerkt hatte, weswegen sie Brittas Namen nicht aussprechen wollte. Sie redete mit ihrer Freundin, ebenso wie mit Michael, sonst ja so gut wie nie über irgendwelche Fälle, die sie gerade bearbeitete, und Christine fragte normalerweise auch nicht weiter nach. Aber Graubart musste anscheinend unbedingt sein Herz ausschütten. Er berichtete Patricia Garden haarklein, was er

156

an diesem Nachmittag alles über Britta in Erfahrung gebracht hatte, und die Anwältin tröstete sich mit dem Gedanken, dass Christine wohl kaum verstünde, worum es eigentlich ging.

Die stand in der Tat ein wenig konsterniert neben den beiden und wunderte sich darüber, dass ihre Freundin sogar den Bus fahren ließ, um sich weiter mit diesem Penner zu unterhalten. So kannte sie ihre Freundin noch gar nicht! Sie war aber nicht weiter beleidigt, dazu kannte sie Patricia wiederum zu gut, um nicht zu wissen, dass es etwas wirklich Wichtiges war, etwas, das sie selbst nicht unbedingt etwas anging. Also tippte sie Patricia kurz auf den Arm, sagte: »Ich geh dann schon mal. Tschüs, du, und danke fürs Kommen!«

Patricia nickte nur kurz und wandte sich gleich wieder an den Graubart. Jetzt war Christine doch ein wenig beleidigt.

»Eine Therapie soll sie machen?«, fragte die Anwältin erstaunt. »Aber wussten die denn nicht, dass...« Sie verstummte und fragte sich, ob sie Graubart erzählen sollte, was sie nun wiederum ihrerseits wusste.

»Was?«, fragte Graubart und sah sie neugierig an.

Patricia gab sich einen Ruck und fuhr fort: »...dass sie sich bereits in einer Therapie befand?«

Jetzt blieb Graubart der Mund vor Staunen offen stehen, soweit man das unter seinem verworrenen Bart erkennen konnte. »Na, dann scheint ihr Therapeut ja ein ziemlicher Esel zu sein!«, polterte er los, und Patricia Garden versuchte vergebens, ihn zu beschwichtigen. Es mussten nun wirklich nicht alle Einwohner Mullits erfahren, was für ein ›Vollidiot‹ ein gewisser Therapeut war.

157

»Das ist sogar mir schon klar geworden, dass es der Kleinen verdammt dreckig ging«, sagte Graubart zum Glück etwas leiser. »Und dass es in letzter Zeit immer weiter mit ihr bergab gegangen sein muss. Insbesondere nach der Geburt ihres Babys. Muss übrigens nicht einfach gewesen sein, hat mir diese Charlotte erzählt. Sollte natürlich unbedingt im Geburtshaus sein, wie das in diesen Kreisen so üblich ist. Dann ist Britta aber mit Tatütata und Blaulicht ins Klinikum gefahren worden. War nix mit Geburtshaus.« Er fuchtelte so heftig mit der Hand vor dem Gesicht der Anwältin herum, dass diese vorsichtshalber einen Schritt zurücktrat.

»Sie hat vor einiger Zeit offenbar sogar versucht...« Er senkte jetzt endlich die Stimme so weit ab, dass ihn nur noch die Anwältin verstehen konnte. »...sich umzubringen.«

Patricia wurde bleich. »Wollen Sie damit etwa sagen...« Ihr versagte die Stimme, während ihr ein furchtbarer Verdacht durch den Kopf schoss.

Diesmal hatte Graubart genau verstanden. Er schüttelte den Kopf. »Nein«, meinte er. »Sie hat offenbar was anderes vorgehabt. Sie hat nämlich letzten Dienstag in der WG angerufen und gesagt, dass sie etwas später käme.«

Jetzt explodierte die Anwältin. »Und wieso erfahre ich das erst jetzt?«

Jetzt trat Graubart vorsichtshalber einen Schritt zurück. »Aber das habe ich doch selbst erst heute Nachmittag erfahren!«

Patricia Garden fing sich rasch. »Sie brauchen sich nicht zu entschuldigen«, beschwichtigte sie und legte ihm sogar eine Hand auf den Arm. »Sie sind doch derjenige, den diese ganze Sache am wenigstens angeht und der sich dennoch offenbar am meisten um Britta sorgt. Nein, ich meinte die netten Mitbewohner. Wieso haben die mir nichts gesagt?« Sie schüttelte verständnislos den Kopf und fluchte dabei innerlich über diese oberflächlichen Studenten-Bekanntschaften und die Friede-Freude-Eierkuchen-WGs.

»Na ja«, meinte Graubart verlegen, »ich will dann mal weiter. ’tschuldigen Sie, dass Sie wegen mir den Bus verpasst haben.«

»Schon gut«, wehrte Patricia Garden ab. »Was Sie mir gerade gesagt haben, war wohl wichtiger. Und wenn Sie noch etwas in Erfahrung bringen, rufen Sie mich ruhig morgen an, ja? Ich bin bestimmt zu Hause.« Sie schüttelten sich kurz die Hand, und dann ging Graubart weiter.

Allerdings drehte er sich noch einmal um. »Da hat heute am frühen Abend einer angerufen, von der Polizei. Sie wollten Britta dringend sprechen. Und haben anscheinend sogar was davon durchblicken lassen, dass sie die anderen drankriegen könnten von wegen Behinderung der Ermittlungen oder so was.«

Patricia wurde blass. »Und was habt ihr gesagt?«

»Na ja, soviel ich mitbekommen habe, hat der Ferdi denen erklärt, dass die Britta nicht da ist und dass sie auch nicht wüssten, wo sie ist und wann sie zurückkommt. Damit hat sich der Typ dann offenbar erst mal zufriedengegeben.«

Mit diesen Worten ging er dann wirklich. Die Anwältin sah ihm lange nach, wobei sie überlegte, wie bald die Kripo in der WG auftauchen würde... wie viele Patienten und -innen hatte Ingo von Wiese wohl gehabt? Und welche Personen mochten für den Mord nun wirklich infrage kommen? Sie hätte heulen können, weil sie so wenig wusste. Und noch weniger tun konnte.

Inzwischen war so viel Zeit vergangen, dass der nächste Bus jeden Augenblick eintreffen musste. Der Mond stand mittlerweile hoch am Himmel, und die Luft war ziemlich kühl geworden. Patricia fröstelte und zog ihre Strickjacke enger um sich. Sie hatte nicht damit gerechnet, so lange im Freien stehen zu müssen, vor allem nicht so spät am Abend, und darum ihren Mantel daheim gelassen. Sie dachte ganz kurz an Michael, ob er sich morgen tatsächlich auf den Weg machen würde... aber das würde sie ja spätestens morgen Abend erfahren. Dann kam endlich der Bus.

An ihre Wohnungstür war ein Zettel geheftet, von Michael: *»Bernadette fühlt sich total von mir unterdrückt und ausgenutzt und vernachlässigt. Werde morgen trotzdem fahren. Küsschen!«*

Patricia lächelte und küsste in die Luft hinein. »Dir auch.«

10.

Sonntag

Ein falscher Frühling hatte eingesetzt, und die Luft war so warm, dass Michael Wiemer das Seitenfenster seines Wagens herunterkurbelte und lässig den linken Arm hinaushängen ließ. Ihn störte es nicht, dass dieses Zwischenhoch oder –tief, oder was es sonst auch immer sein mochte, gut zwei Wochen zu früh die ersten Knospen sprießen ließ. Ihm war schönes, warmes Wetter immer und zu jeder Jahreszeit recht. Seine Laune hatte sich auch deshalb gehoben, weil es ihm gelungen war, aus dem Haus zu schleichen, ehe Bernadette aufgewacht war. Auf dem Beifahrersitz lag ein Stapel Kassetten mit vielen, vielen Streichquartetten. Gerade im Augenblick lief der erste Satz von Schuberts ›Der Tod und das Mädchen‹, und manchmal musste der Lehrer aufpassen, dass er nicht im Takt mit der Musik das Gaspedal betätigte.

Er fuhr Landstraße, und ihm war bisher kaum ein Auto begegnet – *wer sonst sollte schon so früh an einem Sonntagmorgen durch die Gegend kurven*, überlegte er. Immer kühner schnitt er die Kurven, trat das Gaspedal immer stärker durch, bis ihn ein über die kleine Straße schnürender Fuchs zu einer scharfen Bremsung zwang. Der Fuchs war anscheinend wenig von Michael Wiemers Fahrweise beeindruckt. Er kletterte den Hang am Straßenrand hinauf und sah reichlich unbesorgt auf den Lehrer hinab. Der hatte angehalten und sogar den Motor abgestellt, während er den Fuchs betrachtete. *Wie lange mag es her sein*, überlegte er, *dass ich ein solches Tier aus der Nähe habe beobachten können?* Für eine Wei-

161

le stand das Tier wie ausgestopft, die spitzen Ohren und der buschige Schwanz stachen scharf vom vorfrühlingsblauen Himmel ab. Als Michael dann eine Bewegung machte, zuckte der Fuchs zusammen und verschwand. Der Lehrer drehte den Zündschlüssel, legte den Gang wieder ein und brauste weiter.

Aus irgendeinem Grund kam ihm diese Begegnung wie ein gutes Omen für sein Vorhaben vor – nämlich ein wenig mehr Licht in das Dunkel um Brittas Verschwinden zu bringen. Eine winzige Hoffnung hatte er ja, dass Britta doch zu ihren Eltern gefahren war. Und zwar schon vor einigen Tagen.

Dann dachte er ganz kurz an Bernadette, an ›ihren Blick‹, wie er ihn immer nannte, diesen Blick, der ihn sofort dazu brachte, sich schuldig zu fühlen. *Sie scheint ein Patent darauf zu besitzen, wie man Leute dazu bringt, sich ihr gegenüber schuldig zu fühlen*, überlegte er weiter, verdrängte jedoch diese Gedanken ebenso schnell, wie der Wagen die Kilometer fraß.

Während er so dahinfuhr, fühlte er sich so wohl wie seit langer Zeit nicht mehr, und diese Euphorie verleitete ihn dazu, mehrere scharfe Kurven geradezu halsbrecherisch zu nehmen. Manchmal war er heilfroh, dass ihm niemand entgegengekommen war, wenn er mal wieder unfreiwillig einen Fahrspurwechsel vorgenommen hatte. Dann nahm er doch den Fuß vom Gas und versprach sich selbst fest, von nun an nur noch nach Vorschrift zu fahren. Aber er hätte nicht Michael Wiemer sein dürfen, wenn er nicht ein paar Kilometer weiter das Pedal erneut fast bis zum Boden durchgetreten hätte.

Osnabrück, Ortsausgang. Der Lehrer, der doch recht forsch durch die – allerdings nur wenig belebte – Stadt gefahren war, wollte gerade mal wieder beschleunigen, als er das Mädchen am Straßenrand stehen sah. Sie trug Bluejeans, eine dicke, gefütterte braune Jacke sowie knöchelhohe weiße Turnschuhe. Die schwarzen Haare hatte sie zu einer ähnlichen Modefrisur gekämmt, wie Patricia sie vor ein paar Tage im *TOP* gezeigt hatte. Er hatte mal irgendwo gehört, dass das in Amerika ›Big Hair‹ hieß, war sich aber nicht sicher, ob das stimmte. Das Mädchen hielt den rechten Daumen so weit über die Fahrbahn, dass Michael Wiemer gerade noch ausweichen konnte, ohne ihr diesen Daumen abzufahren. Er hielt an und wollte schon zurücksetzen, da sah er im Rückspiegel, wie das Mädchen auf ihn zurannte. Er öffnete die Beifahrertür.

»Können Sie mich mitnehmen?«, fragte sie ins Auto hinein.

»Kommt darauf an, wo du hinwillst«, entgegnete der Lehrer.

»In welche Richtung fahren Sie denn?«

»Richtung Lingen.«

Ohne ein weiteres Wort wollte sich das Mädchen neben ihn setzen.

»Leg doch bitte erst die Kassetten auf den Rücksitz, ja?«, bat der Lehrer sie. Sie tat es und ließ sich daraufhin auf dem Sitz nieder. Sogleich roch es durchdringend nach Hairspray, und Michael Wiemer war froh darüber, das Fenster auf seiner Seite herabgekurbelt zu haben. »Und schnall dich bitte an!«

Das Mädchen schlug die Beifahrertür zu und legte den Gurt um. Als der Lehrer losfuhr – kein Kavaliersstart,

163

vorsichtshalber –, umklammerte das Mädchen fest den Griff über dem rechten Fenster. *Sie hat Angst*, überlegte Michael, *und außerdem wirkt sie ziemlich bedrückt.* »Wo kommst du denn so früh am Morgen her?«

Das Mädchen gab erst keine Antwort, sondern blickte nur starr geradeaus. Schließlich sagte sie: »Von 'ner Fete.«

Sehr gesprächig ist sie ja nicht gerade, dachte der Lehrer, der seinerseits jedoch Lust zum Reden hatte. Also fragte er weiter: »Und wo war diese Fete?«

Wieder langes Schweigen. Michael Wiemer beobachtete sie verstohlen aus dem Augenwinkel. Sie mochte etwa sechzehn, siebzehn Jahre alt sein, etwa so alt wie seine Nichte. Und da er mit der immer gut zurechtkam, wenn sie sich mal trafen, konnte er sich nicht vorstellen, dass er nicht auch mit seiner schweigsamen Begleiterin ins Gespräch kommen könnte.

»Osnabrück.«

»Soso, Osnabrück.«

Das Mädchen nickte, ganz leicht, ganz vorsichtig, vielleicht sogar – misstrauisch. Er konnte es ihr nicht verdenken. »Dauern solche Feten heutzutage eigentlich immer die ganze Nacht durch? Ich kann mich genau daran erinnern, wenn ich früher mal später als elf nach Hause kam, hat's einen gewaltigen Krach gegeben.«

Er sah hinaus über das flache Land, über dem die noch tief stehende Sonne blitzte. Die einzigen Erhebungen waren kleine Baumgruppen, Gestrüpp und ab und zu ein Bauernhaus sowie einige Strommasten. Jetzt, bei dem schönen Wetter, sah das alles halbwegs freundlich aus, aber Michael Wiemer wollte lieber nicht so genau darüber nachdenken, wie einem hier bei Dauerregen zumute sein konnte. Den fand er schon in der Stadt schlimm genug. Er sah auf die Uhr und schätzte, dass er Veeden in einer guten Stunde erreicht haben sollte.

»Ich hab' ja auch gestern Nacht zurückwollen«, sagte das Mädchen etwas gelöster. »Aber da hat keiner mehr fahren wollen.«

»Wissen deine Eltern denn wenigstens, wo du bist?«

Dämlicher Pädagoge, schoss es ihm durch den Kopf. *Was Besseres fällt dir auch nicht ein, um das Mädchen zu verschrecken.*

Zu seiner Überraschung gab sie zur Antwort: »Ja, hab gestern noch zu Hause angerufen. Ich glaube, die sind ziemlich sauer da. Die haben nämlich nicht gewusst, dass ich zu einer Fete in Osnabrück wollte.«

»Und wohin genau soll's jetzt gehen?« Er wollte nicht auf verständnisvoll machen. Das Mädchen wusste wohl selbst genau, was sie zu erwarten hatte.

»Veeden.«

»Ach, das trifft sich ja ausgezeichnet, du. Da will ich nämlich auch hin.«

Das Mädchen wandte ihm verblüfft das Gesicht zu. *»Sie?* Was wollen Sie denn *da?«* Als wäre Veeden ein Ort, wohin freiwillig nur Verrückte fahren würden.

»Will da mit den Eltern von jemandem sprechen, die ich aus Sächelen her kenne.«

»Mit wem?«

»Kennst du die Sanders?«

Jetzt lächelte das Mädchen und entspannte sich sichtlich, worüber der Lehrer sehr froh war. Bestimmt war das Mädchen auch deshalb so ängstlich gewesen, weil sie zu einem fremden Mann ins Auto gestiegen war. Aber jemand, der die Sanders kannte, war offenbar schon halb ein Vertrauter.

»Klar kenn ich die. Ich geh doch mit der Ursel zusammen zur Schule. Die Ursel ist die Zweitjüngste von denen. Mit der versteh ich mich ganz prima. Die älteste Schwester von der, die Britta, die ist in Sächelen. Wegen der Eltern. Die verstehen sich nämlich überhaupt nicht, hat die Ursel gesagt. Kennen Sie die Britta vielleicht?«

Der Lehrer zögerte einen Augenblick, gab dann jedoch zu, dass er wegen Britta mit den Eltern sprechen wollte.

»Sind Sie etwa 'n Professor von der?«

Michael Wiemer entschloss sich zu einer Notlüge. »Ja, so was Ähnliches.«

»Muss dann ja was ganz Schlimmes sein, dass Sie sich extra deswegen auf den Weg gemacht haben... hat das was mit dem Kind zu tun?« Sie beäugte ihn von oben bis unten.

Der Lehrer wurde jäh rot. Er überlegte krampfhaft, wie er seine Tour glaubwürdig begründen sollte, ohne zu viel verraten zu müssen. Dabei fiel ihm auf, dass noch immer der Kassettenrekorder lief, jetzt mit dem achten Streichquartett von Schostakowitsch. Er hatte allerdings während des Gesprächs mit dem Mädchen schon nicht mehr zugehört, und jetzt nervte ihn auf einmal die Musik. Hastig schaltete er ab. »Also, weißt du...« Er stotterte etwas herum. »...extra wegen Britta bin ich eigentlich nicht gekommen. Da wohnt in der Gegend ein alter Freund von mir, und den will ich eigentlich besuchen. Da hab' ich mir halt gedacht, wenn ich sowieso schon mal in der Gegend bin, könnte ich auch gleich bei den Sanders vorbeischauen. Und mit ihrem Kind hat das gar nichts zu tun. Überhaupt nichts.« Er hatte fast schon vergessen gehabt, dass Britta ein Baby hatte, und kam jetzt auch deswegen ganz schön ins Schwitzen, weil er sich hier nicht gut genug auskannte, um sagen zu können, wohin es seinen nicht existenten Freund verschlagen hatte. Zum Glück wollte das Mädchen auch etwas ganz anderes wissen.

»Wissen die Eltern denn, dass Sie kommen?«

»Nö.« Er schluckte. »Sag's auch niemandem, hm? Soll eine Überraschung sein.«

Das Mädchen nickte eifrig. *So ein kleines Geheimnis*, dachte Michael Wiemer, *das schweißt zusammen. Das erhebt einen über die anderen...* Er grinste. Auf die folgende Frage war er allerdings überhaupt nicht gefasst.

»Oder ist die Britta wieder in Schwierigkeiten, weil sie so links ist?«

»Wie bitte?«

»Weil sie so links ist. Die hat sich immer so Hefte von den Grünen schicken lassen, hat mir die Ursel erzählt. Und dann hat sie sich auch immer mit ihrem Vater deswegen gestritten. Der hat nämlich nicht gewollt, dass sie so was kriegen.«

Himmel!, dachte der Lehrer. *Wohin bin ich denn hier geraten?* Laut sagte er: »Davon weiß ich nichts. Sag mal, kennst du Britta eigentlich auch selbst?«

»So 'n bisschen. Die ist immer so komisch gewesen. Die ist auch nie auf Feten eingeladen worden. Aber die Ursel, die ist wirklich nett.«

»Warum ist Britta denn nie eingeladen worden?«

»Die ist halt immer so komisch gewesen. Und jetzt studiert sie ja auch Psychologie oder so. Aber die Ursel, mit der komme ich wirklich gut klar. Die ist überhaupt nicht komisch.«

Spätestens jetzt bemerkte Michael Wiemer, dass seine Begleiterin viel lieber über die Ursel gesprochen hätte. Da ihn jedoch die ältere Schwester weitaus mehr interessierte, ging er grob über ihren unausgesprochenen Wunsch hinweg, weiter über die Ursel zu sprechen, und fragte: »Wie war Britta denn so in der Schule, weißt du das?«

»Ach, die ist immer die Beste gewesen, außer im Sport, hat die Ursel gesagt.«

»Warum denn nicht im Sport? Sie sieht doch ganz gelenkig aus, und dick ist sie nun auch nicht gerade.«

Das Mädchen zuckte lediglich die Achseln. »Die ist halt immer so lahm gewesen, hat die Ursel mir erzählt. Und die ist beim Mannschaften-Wählen auch immer als Letzte stehengeblieben. Die Ursel aber nie.«

Jetzt blieb ihm nichts anderes übrig, als doch mal ein wenig Interesse für die Freundin zu zeigen. »War Ursel denn auch auf der Fete da in Osnabrück?«

Das Mädchen spielte mit einer Haarsträhne und meinte ganz nebenbei: »Nö. Die war gestern auf 'ner anderen Fete.«

»Und du trampst jetzt also allein durch die Gegend.«

Blöder Pädagoge!, schoss es ihm erneut durch den Kopf.

Das Mädchen wirkte beinahe beleidigt. »Kann ja nicht anders. Zug- und Busfahren ist so teuer, und außerdem kommt man mit dem Bus gar nicht nach Veeden. Zumindest nicht am Sonntag.« Jetzt kicherte sie. »Die, mit denen ich gefahren bin, sind dageblieben, weil sie morgen zur Uni müssen.«

»Und deine Eltern sind jetzt also sauer?«

»Die denken doch immer gleich, ich hätt' was mit denen. Vor allem, nachdem die Britta da ihr Baby gekriegt hat. Ich hab' einfach gesagt, ich würde mit der Ursel los und könnte abends mit jemand zurückfahren. Ich hab' aber schon vorher gewusst, dass das nichts wird.« Sie grinste. Freute sich anscheinend darüber, ihre Eltern hereingelegt zu haben. »Zum Glück bin ich jetzt vor dem Mittagessen da. Dann hab' ich wenigstens nicht gleich beide am Hals.«

»Wieso das denn?«

»Mutti macht Essen, Vater ist beim Frühschoppen.«

»Und wie wär's, wenn du deiner Mutter hilfst?«, schlug Michael Wiemer vor. Das Mädchen tat ihm wirklich etwas leid. »Dann kannst du etwas auf gute Stimmung machen.«

Wieder sah sie ihn überrascht an. Der Lehrer konnte ihr jetzt allerdings keine großartige Aufmerksamkeit schenken, weil er einen Trecker vor sich hatte und verzweifelt auf eine Gelegenheit wartete, das Gefährt zu überholen. Einmal überlegte er, ob er's riskieren sollte, entschied sich jedoch hauptsächlich wegen des Mädchens dagegen. Daraufhin ertönte von hinten ein wütendes Hupkonzert. Schließlich setzte der zweite Wagen in der Schlange zu einem arg riskanten Überholmanöver an, wobei der Fahrer Michael Wiemer im Vorüberfahren wütend ansah. Der Wagen hatte den Trecker noch nicht ganz überholt, als ihm ein anderes Auto entgegenkam. Die beiden Fahrzeuge konnte sich mit Ach und – zum Glück ohne! – Krach aneinander vorbeiquetschen.

Das Mädchen hatte offenbar von dem Vorfall weiter nichts bemerkt.

»Sag mal«, meinte Michael Wiemer, denn ihm war etwas eingefallen, »gehen bei euch eigentlich alle zum Frühschoppen? Auch der Vater von Britta?«

Er wartete so gespannt auf die Antwort, dass er gar nicht bemerkte, wie der Trecker auf eine Wiese abbog und er nun seinerseits ein Hindernis auf der Bahn für freie Bürger darstellte. Während sich so nach und nach die freien Bürger ihre freie Fahrt verschafften, sagte das Mädchen: »Ja, bestimmt.«

»Und wo ist das, wo die alle hingehen?«

Das Mädchen wirkte jetzt ein wenig gelangweilt. »Bei den Timmermanns. Direkt neben der Kirche. Erst beten, dann saufen, sagt meine Mutter immer. Sie fahren direkt darauf zu, wenn Sie die Hauptstraße weiterfahren. Lassen Sie mich bitte am Ortseingang raus, ja?«

Der Lehrer nickte. *Manchmal gibt es Zufälle*, dachte er, *die stehen in keinem Lehrplan.* Er widmete seine Aufmerksamkeit wieder der Umgebung. Unverkennbar ein Bauerndorf, mit allen Konsequenzen wie Kuhfladen auf der Straße, Misthaufen in den großen Innenhöfen und festgebackenem, eingetrocknetem Matsch von Treckerreifen, der sich unter seinen Reifen benahm wie Kopfsteinpflaster. Unverkennbar auch die gemusterten Kittelschürzen der Frauen und die sehr gepflegt aussehenden Häuser. Manche davon waren sogar recht hübsch anzusehen, aber die Aussicht, in - zig Kilometern Umkreis keine größere Stadt anzutreffen, ließ das Herz des Lehrers nicht gerade höherschlagen. Er konnte die merkwürdige Mischung aus Forschheit, Schüchternheit und Naivität des Mädchens neben sich ganz gut verstehen, bezog sie doch vermutlich die meisten Informationen über die ach so große und freie Welt der

Städte lediglich aus den Medien sowie den Erzählungen früh resignierter Jungpädagogen, die es aufgrund eines kultusministeriellen Bescheides hierher verschlagen hatte. *Waren sie freiwillig gekommen – umso schlimmer*, dachte Michael Wiemer.

»Da vorn müssen Sie links abbiegen. Das Schild ist ein bisschen verbogen«, sagte das Mädchen in seine Gedanken hinein.

Das Schild war nicht bloß ein bisschen, sondern sogar so sehr verbogen, dass es in die falsche Richtung zeigte. »Danke!«, sagte Michael Wiemer. Die Bundesstraße quetschte sich hier zwischen niedrigen Häusern durch, und er fragte sich, ob er die Enge und Bedrückung nur wegen dem verspürte, was ihm das Mädchen erzählt hatte. Die Landfrauen am Straßenrand sahen ihm misstrauisch nach, wenn er an ihnen vorüberfuhr, und der Lehrer überlegte weiter, wie viele von ihnen das Mädchen an seiner Seite erkannten und irgendwelche nichtzutreffenden Schlussfolgerungen zögen. Und ob das irgendwelche Konsequenzen für das Mädchen hätte. Er war froh, als sie das Dorf durchfahren und wieder freies Feld erreicht hatten.

»Wie kommst du eigentlich darauf«, nahm er einen Gesprächsfaden wieder auf, »dass es so schlimm sein soll, links zu sein?«

Das Mädchen kaute auf einer Haarsträhne und schwieg eine Weile lang weiter. Schließlich sagte sie: »Ich weiß nur, dass die immer so viel demonstrieren und alles kaputtschlagen«, erwiderte sie. »Und mein Vater sagt, dass man die alle einsperren sollte. Ich meine, mein Vater ist ja meist ein ziemlicher Blödmann, aber wenn man das da im Fernsehen so sieht... das ist doch wirklich schlimm, nicht?«

Sie sah ihn von der Seite her an, und er wusste zunächst nicht, was er ihr antworten sollte. Dass sich die Medien natürlich gierig auf alle Krawalle stürzten? Dass die sogenannten Krawalle durchaus andere Ursachen haben mochten als pure Lust am Zerstören? Dass er selbst an einigen Demonstrationen teilgenommen und sich hinterher furchtbar darüber geärgert hatte, wie entstellt alles wiedergegeben worden war? Dass er nach einer Demo in Sächelen einmal auf offener Straße eine sehr lautstarke Auseinandersetzung mit einem dieser Fernsehleute geführt hatte, weil die mal wieder nur die zwei Schaufensterscheiben gefilmt hatte, die zu Bruch gegangen waren, obgleich die Demo mehrere Stunden gedauert und, wie er hinterher erfahren hatte, mehr als fünfzigtausend Teilnehmer gehabt hatte?

Er sah kurz zu dem Mädchen hinüber. Wie hätte er ihr das bei diesem kurzen und vermutlich einzigen Beisammensein erklären können? Und – hätte er es überhaupt erklären können, wo er sich doch andererseits von eben diesem Staat bezahlen ließ, und zwar gar nicht so schlecht? War er im Endeffekt nicht bloß ein weiterer von diesen berufsmäßigen, theoretischen Staatskritikern, von denen es ja gerade auch in Sächelen nur so wimmelte? Er wollte lieber nicht weiter darüber nachdenken, sondern begnügte sich mit einer weiteren Notlüge, wobei er sich noch nicht einmal sicher war, ob das nicht vielmehr der Wahrheit entsprach. Er sagte: »Britta, zum Beispiel, ist niemals bei den echten Chaoten gewesen. Das hat nämlich mit links nichts zu tun. Das weiß ich ganz genau.«

Das Mädchen wirkte nicht sonderlich überzeugt. »Na ja«, wiederholte sie, »die ist eben schon immer irgendwie komisch gewesen. Und außerdem ist sie wirklich ganz schön fuchtig geworden, wenn sie sich mit ihrem Vater gestritten hat, hat die Ursel gesagt. Und sie hat der Ursel auch mal gesagt, dass es da ein paar Typen geben würde, die würde sie am liebsten umbringen.«

»Ach, weißt du«, meinte Michael Wiemer leichthin, obwohl er doch ziemlich erschrocken war, »das ist doch nur so 'ne Redensart. Das sagt man halt so dahin.«

»Das hat die Britta aber nicht nur so dahingesagt, hat die Ursel gesagt. Das hat die ernst gemeint.«

Der Lehrer gab keine Antwort mehr, sondern dachte nur zum wiederholten Mal: *Lass Britta bitte bei ihren Eltern sein, lass Britta bitte...*

Die nächste Ortschaft, der sie sich näherten, war offenbar etwas größer als die vorangegangenen Dörfer. Sie fuhren jetzt tatsächlich einen kleinen Hügel hinauf und wieder hinunter, ehe sie das Ortseingangsschild erkennen konnten: VEEDEN.

»Lassen Sie mich jetzt bitte raus, ja?«

Michael Wiemer hielt an. Das Mädchen öffnete die Beifahrertür, streifte sich den Gurt ab und sagte: »Danke schön!«

»Nichts zu danken«, entgegnete der Lehrer. »Ich muss vielmehr dir danken.« Und kurz, bevor das Mädchen verschwand, kam ihm ein Gedanke, und er wunderte und ärgerte sich zugleich darüber, dass er nicht sofort daran gedacht hatte. »Sag mal, du weißt nicht zufällig, ob die Britta jetzt bei ihren Eltern ist?«

Sie stutzte und schüttelte dann den Kopf. »Kann ich mir nicht vorstellen«, sagte sie. »Das hätte die Ursel mir gesagt. Wie kommen Sie darauf?«

»Schon gut«, gab er lahm zur Antwort. »Hätte ja sein können.«

»Nee, ganz bestimmt nicht. Die ist schon ewig nicht mehr hier gewesen.« Mit diesen Worten machte sie sich auf den Weg. Auf ihrem Gesicht lag eine seltsame Mischung aus Verwirrung und Ängstlichkeit. Er konnte sich gut vorstellen, dass ihr das Herz jetzt doch kräftig schlug. Während er durch den Ort fuhr, überlegte er, wie es ihr ergehen würde, und musterte dabei gleichzeitig die Fassaden und fragte sich dabei, hinter welcher sich wohl das Zimmer des Mädchens, so sie eines besaß, verbergen mochte. Kurz vor Erreichen der Kirche fiel ihm ein zweistöckiges Haus auf, dessen Fassade so schmutzig aussah, als ob sie schon seit Urgroßvaters Zeiten nicht mehr geweißt worden wäre. In den Fenstern hingen, wie überall sonst auch, Gardinen, die irgendwann mal von Neckermann importiert worden sein mussten. Nur in einem Fenster baumelten ein paar Blumen in Strohampeln, und der Lehrer war sich auf einmal sicher, dass das Mädchen dort wohnte. Warum, hätte er allerdings nicht sagen können. Er stellte das Auto neben der Kirche ab, einem Bau, der sämtliche neoromanischen, neogotischen und neo-sonstigen Stile in sich vereinigte. *Halt eine Dorfkirche*, dachte Michael Wiemer.

Bei *Timmermanns* war auf den ersten Blick ebenso ein Bauernhof wie die übrigen Gebäude ringsum auch. Der Lehrer zögerte einen Augenblick, ehe er die paar Stufen zum Eingang hinaufstieg. Unmittelbar an das Wohn- und Gaststättengebäude grenzten links die Scheunen, und von dorther drang ein schrilles Quieken, wie von Schweinen. *Sind vermutlich auch welche*, dachte Michael Wiemer. Der Eingang zur Gaststätte lag seitlich am Haus, wie eine Art

Veranda. Er stieß die Holztüre auf und hätte eigentlich erwartet, den Gastraum zu betreten. Stattdessen fand er sich in einem kleinen Flur wieder, wo links eine Treppe mit misstrauenswürdig schmalen Stufen emporführte. Abgesehen von der Treppe blieben ihm drei weitere Wahlmöglichkeiten in Gestalt weiterer Holztüren: die eine ziemlich versteckt unter der Treppe schied wohl aus, die nächste direkt vor ihm hätte in Betracht kommen können, und die letzte rechts auch.

Da es im Flur ziemlich schummrig war, bemerkte er erst jetzt, dass sich sein Ziel, die Gaststube, tatsächlich hinter der rechten Tür befinden musste – das Schild in halber Höhe konnte durchaus die entsprechende Bezeichnung tragen. Ehe er jedoch all seinen Mut zusammennehmen musste, beseitigte ein Mann im dunklen Anzug alle Zweifel, der ihm die rechte Tür entgegenstieß und ihn anschließend beinahe umgerannt hätte.

»Entschuldigung«, brummelte der Mann durch eine unverkennbare Bierfahne. Die war Michael Wiemer im Augenblick gleichgültig, hatte er doch durch den Türrahmen ein paar Bänke und Tische in neu-altdeutscher Gaststätten-Ungemütlichkeit erspäht. Da es an diesem Tag ja sehr schön war, musste es wohl Zigarettenqualm sein, der durch den Raum waberte. Er wappnete seine Lungen gegen einen Räucher-Schock und schritt in die Gaststube.

Bei seinem Eintritt sah das etwas mehr als halbe Dutzend Männer, das an einem großen Tisch links neben der Theke versammelt war, kurz auf. Offenbar warteten sie auf etwas, und der Lehrer kam nicht darauf, dass es ein ganz einfaches *Tag zusammen* hätte sein können. Er setzte sich in eine Ecke rechts ans Fenster, mit Blick auf die Dorfstraße, und überlegte gleichzeitig, dass das in etwa das Dümmste war, was er tun konnte, wenn er etwas über Britta Sanders und ihren Vater in Erfahrung bringen wollte.

Der Mann hinter der Theke zapfte erst die begonnene Runde zu Ende, ehe er zu Michael Wiemer trat und ihn nach seinen Wünschen fragte. Er wollte sich gerade ein Bier bestellen, als er sich daran erinnerte, dass er ja noch eine ganz schöne Strecke mit dem Auto würde fahren müssen. So bestellte er sich eine Cola, obgleich er die eigentlich nicht mochte. Der vierschrötige, unrasiert wirkende Mann mit einer blauen Schürze vor dem unübersehbaren Bauch schlurfte hinter die Theke, öffnete den Kühlschrank, holte eine Colaflasche hervor, schraubte den Deckel auf und goss die dunkelbraune Brühe in ein Glas.

Die Unterhaltung der Männer, die bei Michael Wiemers Eintritt abrupt abgebrochen war, ging weiter, nachdem der Wirt ihm das Glas hingestellt hatte.

Er saß eine Weile da und kam sich wie ein Idiot vor. Er wünschte sich, ganz offiziell hier zu sein. Dann hätte er so lässig, wie er es in unzähligen Krimis schon gesehen hatte, seinen Dienstausweis gezückt, wäre zu den Männern hinübergegangen und hätte gefragt: »Also, meine Herren, was wissen Sie über Britta Sanders, und wer von Ihnen ist ihr Vater?«

Stattdessen griff er nach der Zeitung, die nebenan auf dem Tisch lag. Der Mantel war von der *Neuen Osnabrücker Zeitung,* und was dort zu lesen war, hatte der Lehrer bereits gestern in Sächelen in seiner Zeitung gelesen. Er blätterte also weiter und stieß im Lokalteil auf einen Bericht über Veeden. Am vergangenen Mittwoch hatte es hier offenbar eine Feier des örtlichen *Beratungs- und Erzeugerrings* gegeben.

Der Lehrer hatte keine Ahnung, was das sein sollte, und er konnte sich erst nach einer Weile zusammenreimen, dass es dabei wohl um Schweinezucht gehen musste. Der Vorsitzende dieses Rings hatte eine Rede gehalten, die in Auszügen abgedruckt worden war und Michael Wiemers Verhältnis zu reinen Vegetariern deutlich besser werden ließ. Er hatte ursprünglich sogar daran gedacht, hier im Ort zu Mittag zu essen, aber nach der Rede, die er da gerade gelesen hatte, war ihm erst einmal der Appetit vergangen.

Seine Lektüre wurde durch einen kleinen, zarten Jungen mit Brille unterbrochen, dessen Eintritt einer der Männer der Runde lautstark kommentierte: »Dor kaommt jo din Lüttgen, Herbert!«

Der Lehrer konnte sich zusammenreimen, dass das wohl heißen sollte: *Da kommt ja dein Kleiner, Herbert!* Bislang hatte er nämlich von der nicht gerade leise geführten Unterhaltung kein Wort verstanden. Er schaute jetzt hinüber, aber die anderen beachteten ihn gar nicht. Einer, mit kurz gestutztem blondem Schnauz, beugte sich zu dem Jungen hinab, der eine schwarze Cordhose und einen dunklen Mantel trug, und sagte betont hochdeutsch: »Na, Sanders junior, wie gehts denn?«

Sanders! Michael Wiemer ließ den Blick rasch von einem zum anderen wandern. Wer war jetzt wohl der Vater — oder Großvater? Manchmal gab's auf diesen Dörfern noch so Nachkömmlinge, nicht mehr eingeplant, dafür jedoch umso mehr verhätschelt. Der Kleine ging jetzt auf den Mann an der Ecke der Bank zu und fragte: »Krieg ich auch ein Bier?«

Woraufhin die gesamte Runde in schallendes Gelächter ausbrach, den Vater eingeschlossen, ein ebenfalls ziemlich schmächtiger Mann mit altmodisch geschnittenem dunklem Anzug und schon ziemlich gelichtetem weißblonden Haar. Er mochte etwa Ende vierzig sein.

Das also, dachte Michael Wiemer an seinem Platz, *ist Brittas gefürchteter Vater.* Dieser wandte sich jetzt, noch immer lachend, zum Wirt hinüber und rief: »Moack dem Lüttgen doch ein kleines Glas Cola, wir müssen doch gleich los!«

Ehe der Wirt der Aufforderung nachkommen konnte, winkte der Lehrer ihm zu und rief, er wolle bezahlen. Wiederum beachteten ihn die Männer nicht. Er ließ den Vater nicht aus den Augen, selbst, als er dem Wirt die Münzen reichte. Die Cola stand noch immer unberührt vor ihm. Er stürzte sie jetzt ebenso rasch hinunter wie der Kleine. Dann erhob sich der Vater und verabschiedete sich. Der Lehrer wartete einen Moment und ging dann hinterher.

Vater und Sohn schritten einträchtig die Straße hinab, und Michael Wiemer suchte jetzt verzweifelt nach einem Grund, Herrn Sanders anzusprechen. Der jedoch hatte offenbar bemerkt, dass er verfolgt wurde, denn er blieb jäh stehen, wandte sich um und fragte mehr als unfreundlich: »Sagen Sie mal, suchen Sie was?«

»Ja, öh, guten Tag. Mein Name ist Michael Wiemer, ich wollte Sie gerade ansprechen. Sie sind doch Herr Sanders, nicht?« Der andere entgegnete nichts, nickte nicht mal.

»Also, ich bin ein Professor Ihrer Britta.« Der Lehrer dankte innerlich nochmals dem Mädchen, die ihn auf diese Idee gebracht hatte. »Ihre Tochter ist seit ein paar Tagen... nun ja, nicht mehr in meinen Vorlesungen und in ihrer Wohngemeinschaft gewesen. Und da ich sowieso zufällig in der Gegend bin, wollte ich einfach nachfragen, ob sie vielleicht hier, bei Ihnen...«

Herr Sanders kniff die Augen zusammen und musterte ihn von oben bis unten. Michael Wiemer wurde rot und wünschte sich, er hätte sich nicht so salopp gekleidet. Braune Cordhose, die in den Knien gewaltig ausbeulte, verschossener Parka. »Sehen alle Professoren so aus wie Sie? Da könnte ja jeder kommen.«

Innerlich musste ihm der Lehrer recht geben, beharrte jedoch auf seiner Frage: »Verstehen Sie, ich *muss* einfach wissen, ob Britta hier bei Ihnen ist. Wir machen uns nämlich Sorgen um sie.«

Das Misstrauen wurde eher stärker. »Wer: wir?«

»Ich und eine Bekannte von mir, eine Rechtsanwältin.«

Im gleichen Augenblick wünschte er sich, er hätte das nicht gesagt, denn Herrn Sanders Gesicht lief langsam rot an. »Was hat *meine* Tochter mit einem *Rechtsanwalt* zu tun?« Es klang, als ob er hätte fragen wollen, was seine Tochter mit einem Zuhälter zu tun haben sollte. Der Lehrer suchte verzweifelt nach einer Möglichkeit, seinen Fehler wiedergutzumachen, aber da tobte der Mann auch schon los: »Hat also mal wieder die Miete nicht bezahlt, was? Hat wohl wieder das ganze Geld mit ihren linken Freunden in einer Kneipe versoffen, was? Oder diesen grünen Zeitschriften da in den Hals geschmissen? Oder braucht sie das alles jetzt für ihren Bastard da, ihren Balg, den sie von diesem Nichtsnutz hat, diesem Taugenichts? Die hätte lieber ordentlich studieren sollen! Oder heiraten, wie ich ihr das immer gesagt habe! Dann hätte sie anständige Kinder gekriegt! Von mir kriegt sie nichts, keinen Pfennig, das kann ich Ihnen flüstern, Herr, Herr... Wiemer!« Er spuckte den Namen förmlich auf die Straße. Daraufhin packte er seinen Sprössling so kräftig an der Hand, dass dieser aufschrie, und schleifte ihn die Straße hinab.

Kurz darauf blieb der Mann allerdings nochmals stehen und sah sich um. »Oder sind Sie etwa der Vater von dem Gör, hm?« Er musterte ihn von oben bis unten. »Aber so, wie Sie aussehen, sind Sie dazu wahrscheinlich gar nicht Manns genug! Richten Sie Britta aus, wenn Sie sie finden, dass sie von uns nichts zu erwarten hat. Gar nichts! Sollen sich doch ihre linken Freunde um sie kümmern!« Mit diesen Worten ging er energisch weiter, wobei er seinen kleinen Sohn mitschleifte, der noch immer erbärmlich jammerte.

Völlig verstört ging Michael Wiemer zu seinem Wagen zurück. Dort stand eine Frau, eine ziemlich rundliche Frau in einem dunklen Mantel, den sie sich offenbar hastig übergeworfen hatte, denn er war schief zugeknöpft.

Die Frau sah ihm entgegen, wie er da kam, ziemlich niedergeschlagen. Und als er seinen Wagen aufschloss, sprach sie ihn in einem seltsam hastigen Flüsterton an. »Sie!« Er blickte auf. Die Frau sah sich um, als wollte sie sich vergewissern, dass niemand zusah.

»Sie!«, wiederholte sie. »Sie dürfen das nicht so ernst nehmen, was mein Mann da gesagt hat.«

Jetzt wurde der Lehrer ganz aufmerksam. »Sie sind Frau Sanders?«, fragte er. »Brittas Mutter?«

Die Frau nickte und fuhr in dem Flüsterton fort: »Wissen Sie, Herr, Britta ist nämlich ganz anders. Ein ganz, ganz liebes Mädchen. Sie hat mir immer nur Freude gemacht. Ein ganz, ganz liebes Mädchen, das ist sie, die Britta. Kann keiner Fliege was zuleide tun. Sie hat ganz bestimmt nichts angestellt.«

»Das habe ich auch nicht geglaubt«, sagte Michael Wiemer, der nicht so recht wusste, was er von der Sache zu halten hatte. »Aber wissen Sie vielleicht, wo sie sich gerade aufhält?«

Frau Sanders schüttelte den Kopf. »Sie hätte herkommen sollen, das hätte sie tun sollen«, sagte sie. »Ich hätte ihr geholfen. Und auch der kleinen Jule. Irgendwie.« Jetzt wirkte sie traurig. »Ich kann allerdings verstehen, dass sie nicht hergekommen ist. Mein Mann... wissen Sie, eigentlich mag er Britta ja auch. Er kann das nur nicht so ausdrücken. Er ist nämlich gar nicht so. Sie müssten nur mal erleben, wie er mit dem kleinen Christoph spielt! Nur, unsere Britta, die hat ihn einfach nicht zu nehmen gewusst. Ach ja, ich habe schon so oft zu Gott gebetet, dass er die beiden wieder zusammenbringen soll. Aber er hat es nicht gewollt. Sie denken nicht schlecht von Britta, nicht wahr?«

»Nein, natürlich nicht«, erwiderte der Lehrer, der die Hoffnung aufgegeben hatte, hier in Veeden etwas zu erfahren, was ihm einen Hinweis darauf geben würde, wo Britta sich gerade aufhielt.

Die Frau sah auf ihre Uhr. »Oh, so spät schon! Der Braten ist bestimmt fast fertig. Ich muss zurück, sonst brennt er mir noch an. Auf Wiedersehen!«

Und mit diesen Worten ging sie eilig davon, drehte sich jedoch nochmals um und sagte: »Sie werden meinem Mann nichts davon erzählen, dass ich mit Ihnen gesprochen habe, nicht?«

»Natürlich nicht«, sagte Michael Wiemer, der gerade in sein Auto steigen wollte. *Ich werde ihn auch nie im Leben mehr*

181

sehen, fügte er innerlich hinzu. Die Frau nickte ihm kurz zu, und da lief sie tatsächlich mit wehendem Mantel davon, einen anderen Weg als ihr Mann. *Wahrscheinlich*, überlegte Michael Wiemer, eine Abkürzung, *um vor ihm zu Hause zu sein.*

Als er jetzt wieder hinter dem Steuer saß, konnte er erst einmal den Zündschlüssel nicht drehen. Er fühlte sich so ausgelaugt, so erschöpft, als ob er gerade einen Marathonlauf hinter sich gebracht hätte. Er vermochte nicht einmal, einen richtigen Gedanken zu fassen. Alles wirbelte in seinem Kopf umher. Vor sich sah er die Kirche, und sah sie dennoch nicht richtig. Er legte die Hände aufs Lenkrad. Atmete mehrmals tief durch.

Dann drehte er doch den Zündschlüssel. Der Motor sprang an, und dieses Geräusch holte ihn irgendwie wieder in die Wirklichkeit zurück. Er hatte noch eine lange Fahrt vor sich, und wahrscheinlich wären die Straßen jetzt nicht mehr so leer wie auf der Herfahrt. Er setzte zurück, warf nochmals einen Blick auf die Gaststätte. Einige weitere Männer, die er im Gastraum gesehen hatte, verließen jetzt das Gebäude. Sie sahen kurz zu ihm herüber und machten sich dann auf den Weg zu ihren jeweiligen Häusern. *Wahrscheinlich*, dachte Michael Wiemer, *ist auch der Vater des Mädchens darunter, das ich von Osnabrück hergefahren habe.* Wie es ihr wohl ging? Würde sie jetzt einen Krach über sich ergehen lassen müssen? Möglicherweise sogar verprügelt werden? Selbst wenn, dann konnte er nichts daran ändern.

Entschlossen wendete er seinen Wagen und fuhr auf die Straße. Erst, als er schon eine Weile unterwegs war und etwas Musik auflegen wollte, merkte er, dass seine gesammelten Kassetten auf dem Rücksitz lagen, wo das Mädchen sie hingeworfen hatte. Er überlegte anzuhalten, aber irgendwie, aus irgendwelchen Gründen, hatte er dazu keine Lust. So fuhr er ohne Musik weiter.

Zweieinhalb Stunden später bog er in die Straße zu seiner Wohnung in Sächelen ein.

In der Wohnung war es völlig still. Er ging in sein Arbeitszimmer und fand dort auf dem Schreibtisch einen Zettel seiner Frau. Sie war zu ihrer Freundin gegangen, teilte sie ihm darauf mit.

Michael Wiemer seufzte erleichtert auf und überlegte, ob er Patricia anrufen sollte, doch dann fiel ihm ein, dass die jetzt wahrscheinlich mit ihrer Bekannten im *Wiener Café* saß. Vielleicht hatte sie mehr Erfolg als er. Also ging er in sein Arbeitszimmer und machte sich an die Testberichte, merkte jedoch sehr bald, dass er sich überhaupt nicht konzentrieren konnte. Daher wechselte er ins Wohnzimmer und schaltete den Fernseher ein, doch viel zu viel ging ihm durch den Kopf, als dass er sich auf das hätte konzentrieren können, was dort über die Mattscheibe lief.

11.

Patricia Garden betrat das *Wiener Café* etwas zögerlich, hatte sie doch gerade bei einem Blick ins Portemonnaie festgestellt, dass sich darin ein letztes Fünfmarkstück langweilte. Sie überlegte, ob sie nicht noch rasch zum Geldautomaten gehen sollte, aber sie war schon ein paar Minuten über die Zeit, und Carola hasste unpünktliche Leute. Sie warf einen Blick auf die Kuchentheke, aber das musste sie sich leider verkneifen. Sie würde sich also mit einer Tasse Melange begnügen. Sie schaute kurz in den unteren Raum, aber Carola war nicht zu erspähen, hielt sich also oben auf.

Hier unten sah das Café mitnichten wie ein *Wiener Caféhaus* aus, allerdings waren die oberen Räumlichkeiten so ein bisschen auf Wiener Café getrimmt, mit Spiegeln an den Wänden und Kristallleuchtern an der Decke. Die Anwältin ließ den Blick über die Gäste schweifen und entdeckte schließlich in einer Fensternische eine etwas pummelige, kurzhaarige Frau mit einer Brille, die auf starke Weitsichtigkeit schließen ließ. Die Frau trug eine weiße Bluse und Jeans, und über der Rückenlehne ihres Stuhls hing eine Jeansjacke. Carola ihrerseits hatte sie auch bereits entdeckt und winkte Patricia zu sich.

Natürlich wieder den besten Platz, grinste die Anwältin in sich hinein. Sie setzte sich Carola gegenüber in die Nische, sodass sie hinunter auf die Singener Straße sah. Diese Nischenplätze waren normalerweise heiß begehrt, aber es wunderte Patricia nicht im Geringsten, dass es Carola gelungen war, einen zu erobern. Immer noch die alte Egoistin.

»Hallo, du«, begrüßte Carola sie, und die Anwältin erwiderte: »Hallo. Lange nicht mehr gesehen, was?«

Carola nickte bloß und meinte: »Ja, ja. Aber mir wär's ganz lieb, wenn du gleich zur Sache kommen würdest. Ich hab' nicht viel Zeit.«

Die Anwältin kam jedoch nicht gleich zur Sache, was nicht ihre Schuld war, denn die Bedienung war an den Tisch getreten und hatte nach ihren Wünschen gefragt. »Eine Tasse Melange«, sagte Patricia und schälte sich aus ihrer grauen Kostümjacke.

»Tut mir leid«, erwiderte die Bedienung. »Aber sonntags servieren wir nur Kännchen.«

»Was?«

»Stimmt schon«, warf Carola ein, »steht hier vorne.« Sie deutete auf die kleine Speise- und Getränkekarte, die in einem silberfarbenen Halter steckte. Die Anwältin schluckte, dachte an das letzte Fünfmarkstück. »Also, dann ein Kännchen Kaffee«, sagte sie ein wenig ärgerlich, denn sie hatte sich eigentlich auf die Melange gefreut. Davon war ein Kännchen allerdings leider nicht mehr drin. Die Bedienung verschwand.

»Also«, wiederholte die Psychologin. »Dann komm bitte zur Sache.«

»Komm ja schon. Wie ich dir schon am Telefon gesagt habe, geht es um eine deiner Studentinnen. Möglicherweise um eine deiner Studentinnen.«

Carola sah sie merkwürdig an. »Nicht um den Mord?«

Patricia Garden schluckte erneut. *Daran* hatte sie im Augenblick tatsächlich nicht gedacht. Immerhin wars ja so was wie ein Kollege von Carola gewesen. Sie schüttelte den Kopf. »Nein. Tatsächlich um eine Studentin.«

185

»Konkret?«

Die Anwältin war versucht zu sagen: *Zu Befehl!*, unterließ es aber. Carola Hellmer hatte nicht viel Sinn für Ironie.

»Konkret um Britta Sanders, dir vielleicht auch als Brigitta Sanders bekannt. Wir suchen sie händeringend.«

»Wer ist: wir?«

»Na ja, genauer gesagt, ich bin es, die sie sucht. Aber ein Freu... ein Bekannter hilft mir dabei.«

Die Bedienung trat wieder an den Tisch, setzte das Kännchen ab und verschwand. Patricia goss sich eine Tasse voll und nahm einen tüchtigen Schluck.

Die Psychologin schüttelte den Kopf. »Immer noch heiß und schwarz. Ist gar nicht gesund.«

Patricia Garden musste lächeln. Sogar daran erinnerte sie sich noch. Und sie selbst erinnerte sich jetzt daran, dass Carola ihren Kaffee stets mit Milch und enorm viel Zucker trank. Sie hatte einmal aus Versehen daran genippt, und ihr wäre beinahe schlecht davon geworden. Sie verkniff sich allerdings eine entsprechende Antwort.

»Brigitta Sanders«, sagte Carola, wie stets bei der Sache. »Ja, kenne ich. Statistik I, ein ziemlich verstörtes Mädel, wenn du mich fragst. Hat sich schon wochenlang nicht mehr blicken lassen. Den Schein kann sie sich in den Wind schreiben. Erstens holt sie den versäumten Stoff sowieso nicht mehr nach, und zweitens – wer so häufig fehlt, den belohne ich nicht auch noch mit einem Schein. Die suchst du also?«

»Ja, seit etwa vier Tagen. Fünf, wenn man den heutigen mitrechnet. Hat sich in ihrer WG zuletzt am Dienstag gemeldet, mit dem nichtssagenden Hinweis, sie käme *etwas später* zurück. Weder ihre Mitbewohner noch ihre Freunde wissen offenbar, wo sie sich aufhält.«

»Ihre Eltern?«

»Das versucht Mi... mein Bekannter heute herauszufinden. Ich glaube aber kaum, dass sie da ist oder dass die wissen, wo sie sein könnte.«

»Das weiß ich auch nicht«, meinte Carola und nippte an ihrem scheußlichen Gebräu. »Wie ich schon sagte, sie hat sich bei mir in der Übung schon wochenlang nicht mehr blicken lassen. Ansonsten kümmere ich mich nicht um meine Studenten, es sei denn, sie sind außergewöhnlich helle.«

»Und das ist Britta nicht?«

»Kaum. Kann ich aber nicht genau sagen, leider.«

Die Anwältin überlegte einen Augenblick lang, ob Carola Hellmer es mehr bedauerte, ihr keine Auskunft geben zu können, oder den Umstand, keine *genaue* Auskunft geben zu können. Vermutlich beides.

»Vielleicht ist das Mädel durchgedreht, möglicherweise auch wegen ihrer Schwangerschaft«, fuhr die Psychologin fort. »Auf mich hat sie, wie gesagt, keinen stabilen Eindruck gemacht. Allerdings gehört sie wohl nicht zu den Leuten, die glauben, sich selbst helfen zu können, indem sie anderen Leuten helfen wollen. Von denen laufen bei uns am Institut jede Menge herum. Stell dir bloß vor: Da kam doch mal vor Kurzem so ein Schnösel, so ein Frischling, zu mir und wollte wissen, wann es denn *richtig* mit der Psychologie losginge. Und als ich ihn dann gefragt habe, was er damit meine, hat der doch tatsächlich gesagt: Na, so was wie Therapie, so das echte, wahre Helfen. Du kannst mir glauben, Patricia, den habe ich erst mal tüchtig zusammengestaucht. Ich habe dem gesagt: ›Junge, bevor du nicht gescheit wissenschaftlich arbeiten kannst, bevor du dir nicht die wissenschaftlichen Grundlagen erarbeitet hast, darfst du an so was nicht mal im Traum denken!‹«

Carola Hellmer hatte sich in Rage geredet. *Also tatsächlich noch immer die Alte*, dachte Patricia und erinnerte sich an die vielen und vor allem endlosen Auseinandersetzungen in der WG. Wenn's um die heilige Wissenschaft gegangen war, hatte Carola fast zur Fanatikerin werden können. Die Anwältin behielt ihre Überlegungen jedoch für sich und fragte bloß: »Weißt du nicht trotzdem noch was über Britta?«

Die Psychologin kehrte in die ganz normale Welt eines ganz und gar unwissenschaftlichen Cafés zurück, strich sich über das kurze dunkle Haar, trank die Tasse leer und sah der Anwältin in die Augen.

»Nee, du, tut mir ehrlich leid. Ich kann dir da wirklich nicht weiterhelfen.« Sie wollte schon aufstehen und gehen, wobei sie sagte: »Das habe ich dir eigentlich schon gestern am Telefon gesagt.« Sie wirkte reichlich verärgert, so nach dem Motto: *Und deswegen habe ich mich extra noch mal herbemüht?* Da entschied Patricia, doch mit der vollen Wahrheit herauszurücken.

»Es geht übrigens doch *auch* um den Mord.«

Carola hielt einen Augenblick lang inne, offenbar unschlüssig, ob sie nun aufstehen und gehen oder sich doch wieder setzen und zuhören wollte. Am Ende siegte anscheinend die Neugier, und sie ließ sich auf den Stuhl zurückfallen.

»Genauer gesagt, um den Ermordeten. Britta Sanders war bei ihm in Behandlung.«

»Na, da schlägt's doch...« Zum ersten Mal wirkte Carola etwas erschüttert. »Bei diesem Psycho-Heini?«

»Du sprichst ja nicht gerade sehr nett über deinen Kollegen.«

»Kollege?« Die Psychologin schnaubte geringschätzig. »Ich weiß, de mortuis nihil nisi bene, und Friede seiner Asche, aber jetzt wundert mich so einiges nicht mehr.«

Sie schenkte sich Kaffee nach und fuhr fort: »Das ist, vielmehr war auch einer von diesen Verständnis-Gurus, die hier in Sächelen zuhauf herumlaufen. Haben auf ihre Fahnen geschrieben: *Echtheit, Wertschätzung, Empathie.* Einfühlendes Verstehen«, ergänzte sie auf Patricias fragenden Blick hin. Und fuhr daraufhin ätzend fort: »Was dabei aber rauskommt, ist ein einziger Psycho-Nahkampf und Seelenstriptease, frei nach dem Motto: Zieh dich nackt aus, und schon bist du befreit. Wenn nicht, bist du selbst schuld. 'ne Bekannte von mir, die draußen in Niederborn in der Klapse arbeitet, hat mir mal erzählt, dass jede Menge Patienten von dem Wiese bei ihr gelandet sind – mit allen möglichen und unmöglichen Symptomen. Nachdem der nette Mensch mit denen fertig war, waren sie fertig, aber gründlich. Und bei dem war deine Britta?« Sie schüttelte den Kopf, als ob sie überhaupt nicht verstehen könnte, wie jemand freiwillig zu diesem Mann gehen konnte.

Patricia Garden war bei Carolas Worten rot geworden, und sie hütete sich, der Psychologin einzugestehen, dass sie, Patricia, es gewesen war, die Britta zu Ingo von Wiese geschickt hatte. »Aber der hat doch eine gründliche Ausbildung, genau wie du«, sagte sie lahm und weil ihr partout nichts Besseres einfallen wollte.

»Hmpf«, schnaubte Carola. »Ausbildung! Wenn ich so was schon höre. Ja, natürlich hat der 'ne Ausbildung. Zehn Jahre irgendwo auf der Couch gelegen hat er und dabei sein Seelenleben bis ins Embryonalstadium auseinandergedröselt. Wahrscheinlich sogar rausgefunden, dass seine Mutter bei seiner Zeugung keinen Orgasmus gekriegt hat, weil mal wieder alles so schnell gegangen ist, und dass er deswegen Potenzprobleme hat. Oder so was in der Art.«

Auweia, dachte Patricia. Da hatte sie ja bei ihrer alten WG-Mitbewohnerin fürchterlich ins Wespennest gestochen! Sie überlegte verzweifelt, wie sie Carola bremsen könnte, aber die fuhr fort: »Und das ist für ihn dann eine derartige Erleuchtung gewesen, dass er damit auch alle anderen Mitmenschen beglücken muss! Ach, geh doch mit deiner Ausbildung! Das ist alles bloß Firlefanz! Unwissenschaftlicher Humbug. Traumtänzerei.«

Die Anwältin merkte, dass sie gerade auf dem besten Weg waren, wieder in eine dieser entsetzlichen Auseinandersetzungen zu verfallen, die sie schon während ihrer gemeinsamen WG-Zeit so gehasst hatte. Wahrscheinlich deswegen so gehasst, weil sie Carola irgendwann einfach nichts mehr entgegenzusetzen hatte.

»Und weißt du, was das Schlimmste ist?«, sagte Carola in äußerster Empörung. »Das Schlimmste ist, dass die Studis auch noch offiziell zu diesen Fritzen hingeschickt werden. Der Wiese war da leider nicht der Einzige, da weiß ich von noch so ein paar tapferen Mitstreitern. Und Mitstreiterinnen für das Wahre und Echte! Weißt du, was die da aufgebaut haben, hm?« Sie hielt kurz inne, allerdings nicht, damit Patricia Antwort geben, sondern damit sie selbst Luft holen konnte. »'ne Sekte haben die da aufgebaut. Hoch offiziell sanktioniert. Und wer da einmal drin ist, der kommt so leicht nicht mehr raus, sag ich dir! Der wird mit 'ner Weltanschauung gefüttert, die ungefähr so satt macht wie 'n Hamburger von MäcBlöd. Du verschlingst immer mehr davon, verdirbst dir den Magen, und wenn du rauskommst, merkst du, dass du jetzt eigentlich erst richtig Hunger hast.«

»Du willst also damit sagen«, meinte die Anwältin jetzt doch erschüttert, »dass Ingo von Wiese eine Sekte aufgebaut hat?«

»Unsinn«, erwiderte Carola ungehalten. »Hast du nicht zugehört? Natürlich hat der keine Sekte aufgebaut. Der nicht. Der hat doch eine richtige, hochoffiziell sanktionierte Ausbildung. Der hat es gar nicht nötig, eine Sekte aufzubauen. Wozu denn? Dessen Weltanschauung wird von höchster Uni-Seite sanktioniert. *Die Studenten werden zu dem hingeschickt,* meine liebe Patricia. Man schickt doch niemanden zu einer Sekte, tststs«, machte die Psychologin.

Die Anwältin war entsetzt. Ihrer Ex-WG-Mitbewohnerin war es binnen Kurzem gelungen, das Bild ihres ehemaligen AStA-Kollegen völlig zu zerstören, und sie bekam jetzt noch mehr Angst um Britta. Mühsam sagte sie: »Wenn du bemerkt hast, dass Britta so fertig war — warum hast du dich dann nicht ein bisschen um sie gekümmert? Oder sie zumindest vor solchen Leuten gewarnt... obwohl, ich *kann* mir einfach nicht vorstellen, dass es so was gibt. Ich meine, ich habe den Ingo ja nun sogar persönlich gekannt, und ich hatte nicht den Eindruck...«

»Hast du aber eine Ahnung«, brummte Carola. »Außerdem habe ich ja gar nicht gewusst, dass deine Britta bei dem in Behandlung war. Obwohl ich es mir hätte denken

191

können, so, wie die sich verhalten hat. Wenn ich mich andererseits um jeden kümmern sollte, der völlig fertig ist, da käme ich überhaupt nicht mehr zu meiner eigentlichen Arbeit. Bei mir im Büro hängt ein Zeitungsausschnitt, wo zu lesen ist, dass die Selbstmordrate bei Psychologiestudenten weitaus höher liegt als in allen anderen Fächern. Und daneben hängt ein Ausschnitt, wonach Psychologen häufig Psychologen brauchen – also, wundern tut's mich nicht. Mit was für überspannten Erwartungen die Leute bei uns antanzen, habe ich dir ja hinreichend geschildert, und welche Art von Leuten sich in diesem Gewerbe tummeln, wohl auch. Nee, weißt du, da bleibe ich lieber bei meiner Statistik. Das ist was Handfestes, etwas, das jederzeit und von jedem nachgeprüft werden kann.«

Patricia Garden überlegte erneut verzweifelt, womit sie die Psychologin ablenken könnte, denn sie hatte keine Lust, sich noch weiter einen Vortrag über *strenge Wissenschaftlichkeit und was dazu gehört* anzuhören.

Zum Glück wechselte Carola von sich aus ausnahmsweise das Thema und meinte: »Dass du die kleine Sanders nicht finden kannst, ist allerdings schon reichlich merkwürdig. Hast du denn wirklich schon alles probiert?«

Die Anwältin hob die Schultern. »Ich weiß es einfach nicht. Mittlerweile weiß ich überhaupt nichts mehr.«

Carola legte ihr die Hand auf den Unterarm. »Nana«, sagte sie freundlicher als üblich, »nicht gleich verzweifeln! Hast du doch früher auch nicht getan.«

Patricia lächelte schwach.

»Du hast bestimmt noch nicht alle Möglichkeiten ausgeschöpft«, fuhr Carola Hellmer fort. »Weißt du, das erinnert mich daran, wenn bei mir, bei einem Versuch, nichts zu

192

klappen scheint. Dann bin ich auch manchmal so weit, dass ich verzweifeln will, und dann überlege ich mir immer, welche Möglichkeiten es sonst noch gibt außer denen, die ich bereits berücksichtigt habe.« Sie grinste jetzt etwas verlegen. »Dann hilft mir häufig ebenfalls ein guter... Bekannter«, setzte sie hinzu. »Erzähl einfach mal, was du bisher unternommen hast. Und ich verspreche dir übrigens schon jetzt, dass ich kein Sterbenswörtchen über die Sache verlauten lassen werde.«

Patricia Garden begann. Sie vertraute der Psychologin voll und ganz, wusste, dass diese trotz ihrer manchmal merkwürdigen Ansichten eine ehrliche Haut war. *Wenn auch nicht unbedingt eine liebenswürdige*, setzte sie in Gedanken hinzu. Carola sah ganz und gar nicht so aus, als ob sie dem zu hören würde, was die Anwältin zu sagen hatte. Sie spielte mit der Tasse herum, mit der Speisekarte, mit mehr oder minder allem, was auf dem Tisch in Reichweite stand. Schloss sogar zwischendrin die Augen, sodass es aussah, als wenn sie einschlafen wollte. Dass sie dies jedoch nicht tat, bemerkte Patricia daran, wie sie gelegentlich die Nase rümpfte oder zustimmend grunzte.

Nachdem Patricia Garden die Schilderung ihres Falls beendet hatte, meinte die Psychologin: »Also, ich brauche noch einen Kaffee, du auch?«

Die Anwältin gestand etwas beschämt, sie habe nicht mehr genügend Geld für ein weiteres Kännchen dabei.

»Quatsch nicht länger rum, ich bezahle dein Kännchen jetzt, klar?« Carola winkte die Bedienung heran, die sich gerade mit einem Gast auseinandersetzte, dem die Rechnung offenbar nicht passte. Wenn es um ihre Interessen ging, kannte Carola Hellmer jedoch keine Hemmungen, und so stand die nächste Ladung Kaffee kurz darauf vor ihnen.

Die Psychologin schenkte sich zunächst einmal den nächsten Kaffee ein, dazu kam eine Riesenportion Zucken und etwas Milch. Patricia konnte einfach nicht hinsehen und blickte stattdessen hinab auf die Singener Straße. Gerade gegenüber vom Café hatte sich ein verfrühter Straßenmusikant niedergelassen, der auf einer entsetzlich verstimmten Gitarre die Schlager der goldenen Flower-Power-Zeiten intonierte und dazu inbrünstig sang. Die Spaziergänger waren jedoch nur mäßig an der musikalischen Aufarbeitung der jüngeren Vergangenheit interessiert, was den Sänger offenbar überhaupt nicht störte. *Wenn er nur seine Gitarre stimmen würde!*, dachte die Anwältin verzweifelt. Sie interessierte sich zwar – sehr zu Michael Wiemers Kummer, wie sie wusste – nicht sonderlich für Musik, aber ein verstimmtes Instrument verursachte auch ihr beinahe körperlichen Schmerz. Zum Glück wurde sie jetzt wieder von der Psychologin abgelenkt.

»Also: die WG – Fehlanzeige. Die Polizei – erstens Fehlanzeige, zweitens jetzt lieber nicht mehr. Krankenhäuser – Fehlanzeige. Der Therapeut – kommt jetzt wohl auch nicht mehr infrage. Die Eltern – wahrscheinlich auch Fehlanzeige...« Sie zog die Brauen zusammen und dachte intensiv nach. »Hm, da bleiben ja wirklich kaum noch Möglichkeiten übrig, es sei denn, etwas absolut Außergewöhnliches wäre geschehen. Gehen wir also zunächst davon aus, dass das nicht der Fall ist. Was dann heißt, du musst überall noch mal von vorn anfangen. Tja, lässt sich nicht ändern«, setzte sie hinzu, als Patricia aufstöhnte. »Hast du auch wirklich *alle* Bekannten dieser Britta gefragt?«

»Was heißt hier: alle?«, erwiderte die Anwältin. »Alle, die ich habe auftreiben können.« Sie war etwas ungehalten.

»Aha.«

»Was: aha?«

»Aha heißt, du hast eben noch *nicht* alle Bekannten aufgetrieben. Lassen wir die in Hannover mal vorläufig aus dem Spiel, sondern konzentrieren wir uns auf Sächelen. Ich würde mal vermuten, die Leute da aus der WG kennen zwar viele Bekannte von Britta, aber längst nicht alle. Denk doch daran, wie das bei uns gewesen ist. Hast du alle meine Bekannten gekannt? Und umgekehrt? Na?«

Patricia Garden sah die Psychologin verwundert an. Als Wissenschaftlerin war sie ihr zwar herzlich zuwider, aber als Detektivin schien sie doch ganz schön auf Draht zu sein.

»Du meinst also...«

»Ich meine gar nichts. Ich will sagen, du solltest dich noch mal mit diesem Penner unterhalten, diesem Graubart. Der ist doch ganz helle. Vielleicht hat er ja was bei Britta entdeckt, was die anderen noch nicht entdeckt haben. Oder vielleicht kann er mal heimlich und diskret suchen... weiß ich, ist nicht die feine englische Art«, wehrte sie ab, als Patricia heftig den Kopf schüttelte. »Aber was willst du sonst tun?«

Ja, was will ich sonst tun?, fragte sich die Anwältin.

»Außerdem wird früher oder später die Polizei auch bei dir aufkreuzen. Wahrscheinlich früher. Da wär's ganz schön, wenn du schon Bescheid wüsstest, oder täusche ich mich?«

»Nein«, erwiderte Patricia langsam. »Du täuschst dich nicht.« Zumal ihr dieser Gedanke auch schon gekommen war. Natürlich würde die Kripo irgendwann herausfinden, dass Britta nicht nur Patientin des Ingo von Wiesen gewesen war, sondern auch Mandantin bei ihr, Patricia Garden. Und nicht nur irgendwann würde sie das herausfinden, sondern ziemlich bald. Vielleicht wusste sie es sogar schon. Mitteilung auf dem kleinen Dienstweg oder so. »Nein, du täuschst dich da wirklich nicht. Ich *muss* Britta sprechen, ehe sie von der Polizei in die Mangel genommen wird. Das würde sie nicht durchhalten.« *Und ehe ich von der Polizei in die Mangel genommen werde,* dachte sie. *Ich würd's allerdings durchhalten.*

»Na also«, sagte die Psychologin und lehnte sich zufrieden zurück. »Am besten, du rufst noch mal bei der WG an oder fährst sogar selbst raus. Wer weiß, vielleicht *hat* der Penner ja schon was entdeckt.«

»Nenn ihn nicht immer ›Penner‹!«

»Gut, Graubart.«

Erneut nickte Patricia. »Tja, was anderes wird mir nicht übrigbleiben...«

»Darf ich bitte abkassieren?« Die Bedienung stand neben dem Tisch, ihr Portemonnaie bereits in Händen.

Carola sagte: »Okay. Ich bezahle drei Kaffee...«

Du altes Aas, dachte die Anwältin, als ihr einfiel, was die Psychologin vorhin genau gesagt hatte. *Du mit deiner Exaktheit!* Grollend zog sie selbst ihr letztes Fünfmarkstück hervor.

»Stimmt so«, sagte sie, erhob sich und streifte sich wieder die Jacke über.

»Und melde dich mal wieder, wenn du nicht gerade dienstlich was zu erledigen hast«, meinte Carola beim Verlassen des Cafés. Die Anwältin nickte. »Werd' ich bestimmt. Wo musst du übrigens jetzt hin? Vielleicht können wir ja noch ein Stück...«

»Ich geh noch mal ins Institut, mir ist da heute was eingefallen, das muss ich unbedingt nachprüfen.«

»Da können wir ja wirklich noch ein Stück zusammen gehen«, meinte Patricia Garden.

Eine Weile lang gingen sie schweigend dahin. Patricia wäre gern etwas rascher gewesen, um den entsetzlich falschen Gitarrenklängen endlich zu entkommen, die noch immer vor dem *Wiener Café* ertönten, aber Carola hatte es anscheinend doch nicht so eilig. Sie wirkte sogar wie völlig in Gedanken versunken, und auf einmal sagte sie: »Also, nach dem, was du mir über diese Britta erzählt hast, und so, wie ich sie erlebt habe, glaube ich kaum, dass sie für den Mord infrage kommt.«

Die Anwältin seufzte. »Das brauchst du *mir* nicht zu erzählen. Daran habe ich sowieso nie geglaubt. Aber finden muss ich sie trotzdem.«

Carola blieb stehen, zum Glück weit genug von dem verstimmten Gitarrenspieler entfernt. Dass sie jetzt ein Hindernis für diverse Leute darstellte, bekümmerte sie nicht im Geringsten. »Meinst du nicht«, sagte sie ernst und irgendwie, fand Patricia, sogar besorgt, »dass du dich in diese Sache ein bisschen zu sehr hineinklemmst? Wenn du als Anwältin weiterkommen willst, kannst du so was auf Dauer kaum durchhalten, oder du bist auch irgendwann reif für einen Psychologen.«

Wieder die alte Pragmatikerin, dachte Patricia Garden. *Und außerdem hat sie ja recht. Wo kämen wir dahin, wenn sich jeder um jeden derart intensiv kümmern würde?*

»Natürlich hast du recht«, sagte sie aufseufzend. »Anderseits engagiere ich mich nicht für alle meine Mandanten so.« Wobei sie an einen gewissen Lyriker dachte. »Dass ich so viele auf sie ansetze«, fügte sie hinzu. »Vor Gericht behandle ich sie natürlich alle gleich.«

Die Psychologin nickte. »Habe ich mir gedacht. Ich wäre übrigens gar nicht davon überrascht, wenn sich herausstellen würde, dass das ein Mord aus Eifersucht war, dass da so jemand wie diese Meurer'sche für infrage käme. Diese Psycho-Gurus vergessen oft, wie es sein kann, wenn man jemanden *zu* sehr an sich bindet. Na ja, auf jeden Fall wünsche ich dir viel Glück – und ruf mich an, wenn du was Genaueres weißt!«

Sie wollte schon gehen, da hielt Patricia sie noch einmal zurück. »Du, Carola, wundere dich übrigens nicht, wenn dich dein Schützling nächstens nach Britta fragt.«

»Welcher Schützling?«

Die Anwältin grinste. »Na, Minchen.«

Carola war – zum ersten Mal fast, seitdem Patricia sie kannte – völlig perplex. »Was... was weißt du denn von *ihr?*«

»Tja«, erwiderte Patricia Garden vergnügt, »man hat eben halt seine Quellen... Spaß beiseite«, fügte sie hinzu, als Carola offenbar wütend auffahren wollte. »Mein Bekannter hat Minchen neulich im *TOP* getroffen, und da sind die beiden halt ins Gespräch gekommen, und es hat sich herausgestellt, dass du sie des Öfteren betreust. Finde ich übrigens großartig von dir, hätte ich dir eigentlich gar nicht zugetraut.«

Carola wirkte nun wirklich verlegen. »Weißt du, Patricia, sag's aber nicht weiter – Minchen habe ich meiner letzten

Beziehung zu verdanken. Der Typ hat sich früher öfter mal um Minchen gekümmert, kannte sie ebenfalls aus dem *TOP*, und dann bin ich halt einige Male mitgegangen, und als wir, soll heißen, meine Beziehung und ich, uns schließlich getrennt haben, ist Minchen an mir hängengeblieben.«

»Ist doch nichts Schlimmes«, sagte Patricia und wiederholte: »Im Gegenteil, ich find's wirklich toll von dir, dass du das machst. Na ja, denn, tschüss bis irgendwann wieder!«

»Tschüss«, sagte die Psychologin ein wenig bedröppelt und ging. *Irgendwie*, dachte Patricia, während sie die Tür zum Hof aufschloss, *macht die es sich ziemlich einfach. Kümmert sich lediglich um das, was – statistisch gesehen – am wahrscheinlichsten ist und lässt alles Außergewöhnliche außer Acht. Aber hier haben wir es mit etwas Außergewöhnlichem zu tun – oder*, dachte sie, als sie die Tür zum Treppenhaus aufschloss, *etwa doch nicht?*

12.

Noch ehe die Anwältin ihre Wohnungstür aufschließen konnte, hörte sie schon von drinnen das Telefon klingeln. Nervös fummelte sie mit dem Schlüssel im Schlüsselloch und bemerkte erst nach einer Weile, dass sie wieder den Büroschlüssel erwischt hatte. *Ich muss die wirklich mal voneinander trennen,* dachte sie. In diesem Moment ging auch noch das Flurlicht aus. Zum Glück fand sie das Schlüsselloch auch im Halbdunkel. Sie ließ die Tür offen stehen und rannte zum Telefon, hob ab und meldete sich, etwas außer Atem, mit ihrem üblichen: »Hallo?«

Sie hatte Glück gehabt, der andere war noch am Apparat.

»Graubart hier«, ertönte eine ziemlich müde Stimme. Sie setzte sich mit hämmerndem Herzen auf das ungemachte Bett.

»Ja?« Sie hatte das Gefühl, dass es Graubart entweder sehr viel schlechter ging oder dass er eine sehr schlechte Nachricht für sie hatte. Sie wusste nicht recht, was ihr lieber gewesen wäre.

»Ich musste Sie unbedingt anrufen. Die anderen sind weg, die haben von der Sache noch gar nichts mitgekriegt.«

»Von was für einer Sache?«, fragte Patricia aufgeregt dazwischen. Erst jetzt fiel ihr ein, dass die Wohnungstür noch immer offen stand, und so bat sie Graubart, einen Augenblick lang zu warten. Das noch nicht abgewaschene Geschirr in der Küche sprang ihr ins Auge, und sie nahm sich vor, sich gleich nach dem Telefongespräch, was auch immer herauskäme, an den Abwasch zu machen, eine Tätigkeit, die sie hasste. Sie schloss die Tür, drehte einmal den Schlüssel herum, ging zum Bett zurück und hob den Hörer wieder ans Ohr. »Ja, ich bin wieder dran.«

»Also...« Graubart zögerte, wusste offenbar nicht, wie er ihr sagen sollte, was er ihr sagen wollte, und gab sich offenbar schließlich einen Ruck. »Britta ist seit Donnerstagabend in Sächelen.«

»Was?« Der Anwältin wäre vor Überraschung fast der Hörer aus der Hand gefallen. »Sagen Sie das noch mal!«

»Britta ist seit Donnerstagabend in Sächelen«, wiederholte Graubart gehorsam, ehe er hinzusetzte: »War es zumindest. Und jetzt ist sie endgültig verschwunden.«

Patricia Garden streifte sich nervös die Schuhe von den Füßen und zog sich die Kostümjacke aus. Ihr war auf einmal ungeheuer warm geworden, so warm, dass die Bluse auch noch folgte und sie jetzt nur noch im BH dasaß. »Was heißt das: ›Jetzt ist sie endgültig verschwunden‹?«

Graubart hörte sich bekümmert an, als er berichtete. Ferdi und Annette waren heute am frühen Nachmittag losgedüst – er wusste nicht genau, wohin, sie hatten lediglich gesagt, dass sie erst spät am Abend zurückkommen würden. Daraufhin war er ein bisschen mit Pummel in Mullit spazieren gegangen, weil er sich gelangweilt hatte und die beiden anderen unten auch nicht da waren – »...obwohl ich, offen gesagt, nicht so fürchterlich viel Sehnsucht nach denen hatte. Na ja, ich war kaum zurück, da klingelte das Telefon. Zuerst habe ich gedacht, Sie wären's, und darum habe ich überhaupt abgenommen – ist ja schließlich nicht meine Wohnung, und ich bin ja auch nur zu Gast. Aber als ich abgehoben hab, da hat sich eine ganz aufgeregte Frauenstimme gemeldet und gefragt, ob die Britta da sei. Ich habe gesagt, nein, sie sei nicht da und ob ich ihr was ausrichten könne. Da hat die Frau mich gefragt, ob ich der Ferdi oder der Bernd sei, und als ich gesagt habe, wer ich bin, hat sie erst nicht mit der Sprache rausrücken wollen.«

Patricia, die es doch gewohnt war, Leuten geduldig zuzuhören, hätte Graubart jetzt fast angeschrien, er solle endlich zur Sache kommen. Nur der Umstand, dass ihr dabei zugleich Carola einfiel, verhinderte eine leichte Explosion. Sie schwitzte inzwischen so sehr, dass sie sich den Nacken mit einem Taschentuch abwischen musste.

»Als ich der Frau dann aber gesagt habe«, fuhr Graubart fort, der wohl kaum ahnte, wie sehr er die Anwältin auf die Folter spannte, »dass ich ziemlich genau wegen Britta Bescheid weiß, ist sie mit der Sprache rausgerückt.«

Die Frau war eine gute Freundin Brittas, vielleicht sogar die beste. Zumindest jedoch die einzige, der Britta so sehr vertraute, dass sie sie aufgesucht hatte, als sie wirklich nicht mehr ein noch aus gewusst hatte. Diese Freundin, Barbara, hatte gesagt, sie hätte Britta noch nie so fertig erlebt. Britta war völlig unerwartet am Donnerstagabend bei ihr aufgetaucht und hatte sie tränenüberströmt gebeten, bei ihr bleiben zu können. Mit Jule. Sie könne einfach nicht in die WG, hatte sie zu Barbara gesagt. Das ginge nicht. Und Barbara war offenbar so anständig gewesen, zunächst nicht weiter nachzufragen, was denn los war.

Verdammt!, dachte die Anwältin wütend, *warum redest du nicht weiter?* Inzwischen juckte es sie am ganzen Körper, und sie wusste wirklich nicht, wo sie sich zuerst kratzen oder abwischen sollte. *So warm kann es jetzt, im März, gar nicht sein!*, dachte sie.

»Auf jeden Fall war Britta so fertig, dass sie am nächsten Morgen überhaupt nicht mehr aus dem Bett gekommen ist. Barbara hat leider zu einem wichtigen Seminar gehen müssen – sie studiert ebenfalls Psychologie – und sich einige Zeit lang nicht um Britta kümmern können. Auch nicht um Jule, was ihr jetzt, im Nachhinein, am meisten leidtut, hat sie gesagt. Als sie dann zurückgekommen ist, hat sie den Eindruck gehabt, Britta sei gar nicht mehr so recht da. Sie hat im Bett gelegen und irgendetwas vor sich hingemurmelt und so gut wie nicht mehr auf Barbara reagiert. Am schlimmsten war wohl, dass die ganze Zeit über Jule geschrien hat, sagte Barbara. Sie hat zwar, wie sie gesagt hat, keine Ahnung von Babys, ist aber doch draufgekommen, dass Jule wohl gewickelt werden musste und vor allem Hunger hatte. Irgendwie ist es ihr gelungen, Jule so weit zu versorgen, dass sie sich beruhigt hat. Erst am Samstagnachmittag ist Britta aufgestanden, hat sich angezogen und ist weggegangen und erst spät in der Nacht wiedergekommen. Die genaue Uhrzeit wusste Barbara nicht, weil sie selbst nämlich schon geschlafen hat – nachdem sie wiederum Jule versorgt hat. Heute war Britta dann überhaupt nicht mehr ansprechbar, das heißt, zwischendrin hat sie Barbara noch kurz was erzählt, aber das wollte Barbara mir nicht erzählen, sondern bloß Ihnen. Ich habe ihr nämlich gesagt, dass Sie sich sehr um Britta sorgen und sie verzweifelt suchen. Barbara hat mich dann gebeten, Ihnen zu sagen, Sie sollen so rasch wie möglich kommen.«

»Wann war das?« Die Anwältin schlüpfte schon wieder in ihre Bluse, so gut das mit einem freien Arm gehen wollte.

»Vor etwa drei Stunden, so gegen vier, vielleicht auch halb fünf.«

»Und wo wohnt diese Barbara?«

Graubart gab ihr die Adresse durch – Patricia musste erst überlegen, wo das war, dann sah sie, den Hörer noch am Ohr, auf dem Stadtplan nach. Sie musste nach Singen hinaus.

»Graubart, ich kann Ihnen gar nicht sagen, wie dankbar ich bin. Bleiben Sie noch eine Weile in Sächelen?«

Eine Weile lang herrschte Schweigen im Hörer, und Patricia Garden fragte sich, ob sie ihn mit dieser Frage vielleicht irgendwie beleidigt hatte. Schließlich erwiderte Graubart: »Auf jeden Fall noch bis morgen. Ich bin gesundheitlich wieder so weit auf der Höhe, dass ich weiter kann. Und außerdem...«

Sie verstand, was er sagen wollte. Wenn Britta zurück in Sächelen war und wenn es ihr so schlecht ging, musste er so rasch wie möglich verschwinden.

»Also noch mal, danke schön. Bis morgen.«

Sie legte auf, hob sofort wieder ab, wählte Michaels Nummer und hoffte inbrünstig, dass nicht seine Frau an den Apparat ginge. Sie hatte Glück, es meldete sich Michael mit seinem üblichen knappen: »Wiemer?«

»Michael, ich bin's. Kannst du bitte sofort rüberkommen und mich abholen?«

»Patricia!« Er freute sich hörbar über ihren Anruf, so sehr, dass er ihre Bedrängnis erst nicht mitbekam. »Hast du was herausgefunden? Also, bei mir wars ziemlich flau, aber...«

»Bitte!«, unterbrach sie ihn. »Michael, *es ist wirklich wichtig!* Du musst *sofort* kommen, so schnell wie möglich!«

»So schnell wie möglich?« Er konnte es gar nicht fassen.

»Ja, verdammt noch mal! Setz dir ein imaginäres Blaulicht auf, nimm von mir aus alle Kurven auf zwei Rädern, aber komme bitte sofort!«

Er hielt sich nicht mehr damit auf, sich zu verabschieden. Sie hörte nur noch ein Klicken, sprang auf, legte ihrerseits auf, zog sich wieder die Schuhe an, stopfte sich die Bluse in den Rock und hing sich die Kostümjacke lose um die Schultern. Dann rannte sie hinunter auf die Straße.

Sie wohnte auf der Singener Straße, da, wo diese nicht mehr Fußgängerzone war, in einer schäbigen Hinterhofwohnung, die jedoch den Vorteil hatte, erstens sehr zentral gelegen und zweitens sehr billig zu sein. Dafür bekam sie jedoch, außer im Sommer, kaum einmal Sonnenlicht in die Zimmer.

Sie ging unruhig auf dem Bürgersteig hin und her, bemerkte plötzlich, dass sie die Bluse schief zugeknöpft hatte, zog hastig die Kostümjacke an und knöpfte diese zu. Und wieder hin und her. Sie wusste nicht, wie lange sie so gelaufen war, als jemand mit quietschenden Reifen gegenüber auf der anderen Straßenseite anhielt. Sie rannte hin, ohne sich umzusehen, wäre dabei fast von einem Radfahrer angefahren worden, der lautstark hinter ihr her schimpfte, und warf sich in Michaels Wagen. Sie knallte die Tür zu, sodass Michael erschrocken zusammenfuhr, und sagte, noch ehe sie sich angeschnallt hatte: »Fahr los, nach Singen raus, ins Altdorf! Da müssen wir noch mal genau gucken, wo die Straße ist!«

Mit einem waghalsigen Manöver wendete Michael den Wagen, fuhr bei Hellrot über die große Kreuzung am Zentrum der *Aachen-Münchener Versicherung* und schaffte es tatsächlich, bis Singen durchzufahren, ohne an einer Ampel anhalten zu müssen. Zum Schluss war er sogar so weit, dass er nur noch die vorgeschriebenen 60 km/h fahren konnte, weil er sonst die grüne Welle nicht mehr erwischt hätte.

In einem Winkel ihres Gehirns war die Anwältin froh darüber, dass heute Sonntag und wenig Verkehr auf der Straße war – zumindest weniger als sonst.

Straße und Hausnummer fanden sie dann rasch, und die Anwältin war aus dem Wagen und klingelte Sturm, noch ehe Michael den Motor abgestellt hatte.

Der Türsummer ging, und Patricia öffnete, wartete, bis Michael zu ihr gekommen war, und dann stiegen sie zwei Treppen empor, bis sie eine Wohnungstür erreichten, wo sie eine dunkelhaarige junge Frau in Jeans und einem verwaschenen blauen T-Shirt erwartete, die ein schreiendes Bündel im Arm hielt und sehr verstört aussah. »Sie sind die Anwältin?«, fragte die junge Frau, und Patricia nickte. »Kommen Sie doch bitte rein. Am besten gleich links, in die Küche. Tschuldigung, ich habe noch nicht abgewaschen.«

Die Anwältin fühlte sich an die Küche im Haus am Ende der Bäckergasse erinnert. Sie ließ sich atemlos auf einem der hölzernen Stühle an dem großen Tisch nieder und schüttelte den Kopf. »Macht nichts, ich habe auch noch nicht abgewaschen.«

Michael war zögernd nachgekommen, er stand jetzt unschlüssig in der Tür und spürte den fragenden Blick der jungen Frau, Barbara vermutlich, auf sich gerichtet.

Patricia holte tief Luft und stellte vor: »Michael Wiemer, ein guter Bekannter von mir, der mir bei... der Sache hier hilft.«

Barbara wies auf den anderen freien Stuhl. »Dann setzen Sie sich doch auch! Ich gehe mir eben einen Stuhl aus meinem Zimmer holen, dann können wir reden.«

»Wir müssen sehr seriös wirken«, sagte Michael Wiemer im schwachen Versuch zu scherzen, »dass uns die Studis alle siezen.«

Patricia gab keine Antwort. Sie hätte dazu vielleicht auch gar keine Gelegenheit gehabt, denn unmittelbar nach Michaels Bemerkung kam Barbara mit einem Stuhl herein und setzte sich gleichfalls an den Tisch.

»Was zu trinken?«

Beide, die Anwältin und der Lehrer, nickten. Barbara legte das inzwischen nur noch leise wimmernde Bündel auf eine Decke auf dem Fußboden und holte, als sei das selbstverständlich, drei Gläser und eine Flasche Mineralwasser herbei. Sie schenkte ein und sagte dann: »Ich bin wirklich froh, dass Sie gekommen sind, Frau...«

»Garden«, warf die Anwältin ein.

»Frau Garden. Denn jetzt bin ich auch mit meinem Latein am Ende. Wenn Sie diesen... Graubart übrigens noch mal sehen, sagen Sie ihm bitte, dass ich ihn wirklich nett finde, und er soll bitte verstehen, dass ich anfangs ein bisschen... na ja, misstrauisch gewesen bin...«

»Das hat er schon verstanden«, unterbrach die Anwältin sie. Barbara sah erleichtert aus.

»Ja, also... ich weiß wirklich nicht recht, wie ich beginnen soll... Ich mache mir mittlerweile ganz furchtbare Sorgen um Britta. Die ist nämlich seit heute Nachmittag verschwunden. Ich bin gerade mal um die Ecke gewesen, Zigaretten holen, habe dann noch jemanden getroffen und mich ein bisschen verschwatzt. Als ich dann zurückgekommen bin, ist sie halt weg gewesen. Das war so gegen zwei Uhr. Vielleicht halb drei. Und Jule hat drüben bei ihr im Bett gelegen und geschrien. Ich habe mich natürlich sofort um sie gekümmert, sie gewickelt und ihr wieder eine Flasche gemacht, und dann habe ich in der WG angerufen, habe mir gedacht, vielleicht ist sie hingefahren, um was zu holen. Das war gegen halb vier. Und dann hab' ich halt diesen Graubart am Apparat gehabt, und der hat mir alles erzählt.«

Sie schwieg und trank ihr Glas leer, füllte es erneut und trank es auch auf einen Schluck aus.

»Ja, also«, setzte Barbara wieder an, nachdem sie sich zu Jule hinabgebeugt und diese kurz gestreichelt hatte. Jule hielt die blauen Augen auf die Anwältin gerichtet, und Patricia verspürte Mitleid mit dem kleinen Geschöpf. »Ich glaube«, sagte Barbara, »ich muss Ihnen was erzählen. Britta ist am Donnerstagabend mit Jule bei mir aufgetaucht, völlig fertig. Ist den nächsten Tag überhaupt nur aus dem Bett gekommen, wenn sie aufs Klo wollte. Hat auch kaum was gesagt, hat sich nicht mal richtig um ihr Baby gekümmert. Sie hat nur gelegentlich was davon gemurmelt, dass sie ihrem Kind keine richtige Mutter sein könne, weil sie es nicht richtig versorgen könne. Sie hat mir ziemlich apathisch zugesehen, wenn ich die Kleine gefüttert habe. Ich habe ja erst gar nicht gewusst, wie ich das anstellen soll, aber irgendwie hat's dann halt doch funktioniert. Und jedes Mal, wenn Jule das Fläschchen ausgetrunken hatte, hat Britta traurig gelächelt und gesagt, dass das gut sei.

Aber weiter hat sie kaum was gesagt. Ich habe nur so viel aus ihr herausgekriegt, dass ihr Freund da in Hannover wohl endgültig mit ihr Schluss gemacht hat. Das war sowieso schon lange am Kriseln mit den beiden da, der Freund war wohl einer von den ganz Bewussten, wenn Sie verstehen, was ich damit meine, und war, um Britta zu zitieren, ›auf der Suche nach sich selbst‹. Sie hat mir oft erzählt, wie sie versucht hat, ihm bei seinem Coming-Out zu helfen, denn er war offenbar davon überzeugt, eigentlich schwul zu sein. Trotz der Tochter, die er gezeugt hat. Können Sie sich das vorstellen? Ich habe allerdings den Verdacht, weniger, weil er's wirklich gewesen wäre, sondern eher, weil das in gewissen Kreisen ein bisschen schick ist. Auf jeden Fall müssen die beiden oft nächtelang über ihre jeweilige Rolle als ›Mann‹ beziehungsweise ›Frau‹ in unserer Gesellschaft geredet haben, und Britta war danach häufig ziemlich fertig, weil sie glaubte, selbst noch nicht ›so weit‹ zu sein und noch viel zu wenig ›an sich gearbeitet‹ zu haben. Und darin hat sie dieser Freund auch noch bestärkt. Und als es dann Probleme gab, das Baby zu stillen, fühlte sich Britta anscheinend darin bestätigt, dass sie ihre Rolle als Frau noch nicht richtig ausfüllen kann.«

Sie streifte Michael kurz mit einem Blick, und der Lehrer fühlte sich ziemlich unbehaglich, weil er das Gefühl hatte, in einer Situation zu stecken, in die er nicht hineingehörte.

»Offenbar hat Britta es übrigens auch diesem Freund zu verdanken, dass sie ebenfalls glaubte, die Ursache dafür würde in ihrer Vergangenheit liegen, und sie müsse ihre Vergangenheit unbedingt mit einer Therapie aufarbeiten.

Sie muss wirklich ein ziemlich mieses Elternhaus gehabt haben...«

»Das kann man wohl sagen«, brummte Michael, und sowohl Patricia als auch Barbara sahen ihn überrascht an. Er wirkte ein wenig verlegen. »Na ja, das ist so ungefähr das einzige Ergebnis meines heutigen Ausflugs«, sagte er und berichtete mit ein paar Sätzen, was er in Erfahrung gebracht hatte.

»Bestätigt nur, was ich mir bereits gedacht habe«, nickte Barbara und fuhr fort: »Wie dem auch sei: Sie hat sich auf jeden Fall von irgendeinem Idioten beschwatzen lassen, hier in Sächelen zu einem Therapeuten zu gehen...«

Bei diesen Worten wurde Patricia rot, doch die Studentin bemerkte es zum Glück nicht, im Gegensatz zu Michael, der allerdings netterweise wegschaute und sich nicht weiter äußerte.

Barbara schüttelte den Kopf. »Aber ich wollte Ihnen ja eigentlich was ganz anderes erzählen. Von Donnerstagabend. Sie wissen ja wahrscheinlich, dass Britta häufig von Hannover nach Sächelen getrampt ist. Das hat sie sogar noch nach Jules Geburt gemacht, obwohl ich sie davor immer wieder gewarnt habe. Immerhin hat sie ein Messer dabeigehabt. Das habe ich ihr übrigens aufgeschwatzt.«

»Wann ist Britta denn bei Ihnen aufgetaucht?«, fragte die Anwältin.

»Wenn ich das genau wüsste«, erwiderte Barbara.

»Sie wissen das nicht genau?«

Jetzt wirkte Barbara etwas schuldbewusst. »An Donnerstagabend bin ich unterwegs gewesen«, sagte sie. »Na ja, einfach mal so. War in der Stadt.« Sie wandte sich auf einmal an Michael. »Jetzt weiß ich auch, wo ich Sie schon mal gesehen habe«, meinte sie. »Im *TOP*! Sie waren Donnerstagabend doch auch da, oder?«

»Stimmt«, erwiderte der Lehrer, der sich an ihr Gesicht jedoch nicht erinnern konnte.

Barbara lächelte. »Ich bin an Ihnen vorbei, als Sie vorn im Flur gestanden und sich die Plakate angeschaut haben. Kann sein, dass Sie mich gar nicht weiter bemerkt haben.«

»Vermutlich«, meinte Michael.

Jetzt war die Studentin allerdings wieder ernst. »Na ja, ich bin so kurz vor eins nach Hause gekommen, und da hat Britta unten auf den Stufen gehockt. Mit Jule im Arm.« Sie sah von einem zum anderen. »Sie können sich vorstellen, wie erschrocken ich war. Ich habe die beiden natürlich gleich mit nach oben genommen. Britta wirkte irgendwie... nun ja, völlig außer sich.« Sie holte tief Luft. »Kein Wunder. War ja auch wirklich kein schöner Anblick da auf der Treppe.«

»Moment mal«, warf die Anwältin ein. »Wollen Sie damit etwa sagen, dass Britta an diesem Abend etwa tatsächlich bei ihrem Therapeuten gewesen ist?«

Jetzt wirkte Barbara verlegen. Sie nickte ein bisschen. »Ja, ich denke schon.«

»Was heißt: Sie denken schon?«

»Ich... also, nachdem Britta weg war, habe ich in ihren Sachen in der Tasche da gewühlt – ich brauchte was für Jule zum Anziehen, sie hatte sich das Hemdchen vollgekleckert. Ein sauberes Hemdchen habe ich gefunden, aber...« Erneut sah sie von einem zum anderen.

»Nun machen Sie es nicht so spannend«, sagte Patricia hörbar ungeduldig.

»Das Messer, das war weg«, beendete Barbara ihren Satz. »Erst habe ich mir nichts weiter dabei gedacht. Ich habe bloß geglaubt, sie hätte es dieses Mal vielleicht in Hannover vergessen oder so. Als ich dann aber gestern das da in der Zeitung gelesen habe... aber das kann doch nicht sein! Das glauben Sie doch auch nicht, oder?« Sie sah jetzt Patricia bittend an. »Das wäre doch unmöglich! Sie muss das Messer in Hannover vergessen haben, ganz bestimmt.«

Die Anwältin gab nicht sogleich Antwort. Sie konnte es nicht. Zu sehr war sie wie vor den Kopf geschlagen, ebenso Michael. Beiden waren natürlich sofort die Konsequenzen aus der Erzählung von Brittas Freundin klar geworden. *Deswegen hat sie mich also unbedingt sprechen wollen*, dachte Patricia Garden.

»Und heute, nachdem sie dann einfach weg ist... und Jule zurückgelassen hat. Und dazu geschrieben hat, ich soll gut auf sie aufpassen...«

»Was?«, riefen Patricia und Michael wie aus einem Mund.

Barbara schien den Tränen nahe. »Ja, sie hat einen Zettel neben Jule gelegt, und da stand drauf: ›Pass gut auf sie auf!‹« Sie griff auf die Ablage neben sich und reichte Patricia einen Zettel. Die Anwältin riss ihn der Studentin fast aus der Hand und hielt ihn sich vor die Augen. ›Pass gut auf sie auf!‹ Mehr stand tatsächlich nicht darauf. Aber in Patricias Augen klang das wie ein Abschied. Ein endgültiger Abschied. Sie reichte den Zettel an Michael weiter, und auch er verstand offenbar sogleich, was dieser Satz eigentlich besagen sollte, denn er sah die Anwältin zutiefst erschrocken an.

212

»Dieser Scheiß-Therapeut«, sagte Barbara auf einmal, und aus ihren Worten klang ein abgrundtiefer Hass. »Dieser Scheiß-Therapeut hat sie einfach wieder weggeschickt. Einfach weggeschickt und gesagt, sie solle sich nicht so anstellen, sie solle ihn nicht förmlich erpressen. Sie habe Montag ihren Termin. Das hat er ihr gesagt. Wörtlich! Und als sie dann die Treppe vor seiner Tür runter ist, da hat er irgendwie höhnisch gegrinst, hat sie gesagt.«

»Woher wissen Sie das?«, fragte die Anwältin. »Ich meine, dass er das wörtlich gesagt hat? Sind Sie etwa auch da gewesen?«

»Ich?« Barbara sah Patricia Garden groß an. »Wie kommen Sie denn da drauf? Nein, ich bin nicht dagewesen. Was hätte ich denn da zu suchen gehabt? Britta war doch bei ihm in Behandlung. Ich weiß das von Britta. Das hat sie mir am Samstag, nachdem das in der Zeitung stand, nämlich doch noch erzählt. Was der Therapeut gesagt hat, wie er sie einfach so weggeschickt hat. Dass er es verdient habe.« Sie wirkte schuldbewusst. »Vielleicht hätte ich da schon zur Polizei gehen sollen. Oder zumindest in der WG anrufen. Aber Britta hat mir auch hoch und heilig versichert, dass sie mit dem Tod nichts zu tun gehabt hatte. Sie könne sich nur noch daran erinnern, dass ihr aus irgendeinem Grund das Messer aus der Tasche gerutscht sei. Dann wäre sie weggelaufen, auch, weil da plötzlich noch jemand gekommen sei.« Unglücklich sah sie von einem zum anderen und wieder zurück. »Natürlich habe ich Britta geglaubt. Und weil sie so sehr darum gebettelt hat, habe ich dann doch nicht in der WG angerufen.«

»Und Sie haben keine Ahnung, wohin Britta jetzt gegangen sein könnte?«, hakte die Anwältin nach.

Barbara sackte in sich zusammen und schüttelte leicht den Kopf. »Nein, überhaupt keine Ahnung!«

»Gibt es vielleicht noch eine Bekannte, eine Freundin hier in Sächelen?«, fragte jetzt der Lehrer.

»Nicht, dass ich wüsste«, erwiderte die Studentin. »Nicht, dass ich wüsste. Ich meine, Bekannte hat sie natürlich noch einige, aber ich glaube kaum, dass sie zu einer von denen gegangen wäre. Nicht in ihrer jetzigen Verfassung.«

»Aber irgendwohin muss sie doch gegangen sein!«, sagte Michael Wiemer.

Erneut schüttelte Barbara den Kopf. »Ich habe nicht die leiseste Ahnung. Wenn sie nicht in ihrer WG ist...«

»Was ist mit Charlotte?«

»Charly, diese dumme Kuh!«, fuhr die Studentin auf. »Die hat doch immer nur so getan, als ob sie sich um Britta kümmern würde. Die hat sich doch daran hochgezogen, dass es Britta so schlecht ging, weil sie sich dann nämlich überlegen zeigen konnte. Die steckt doch mit denen allen unter einer Decke!«

Ob es nun daran lag, dass Barbara etwas laut geworden war, oder aus einem anderen Grund, auf jeden Fall begann genau in diesem Augenblick Jule zu schreien. Die Studentin sprang erschrocken auf und sah auf die Uhr. »Meine Güte, sie braucht ihr Fläschchen. Wenn Sie mich bitte entschuldigen würden...«

Schweigend sahen Patricia Garden und Michael Wiemer zu, wie Barbara den Wasserkocher neben der Spüle einschaltete, eine Packung Babynahrung öffnete und nach einer Babyflasche griff. Sobald das Wasser kochte, goss sie etwas davon in die Flasche, schüttete etwas von der Babynahrung hinein, schloss die Flasche und schüttelte sie heftig. Währenddessen schrie Jule immer lauter. Nach dem Schütteln hielt die Studentin die Flasche unter den Wasserhahn und ließ kaltes Wasser darüber laufen. Immer wieder prüfte sie nach, und nach einer Weile meinte sie: »So, meine kleine Jule, jetzt ist deine Milch fertig.«

Mit diesen Worten nahm sie das Baby auf und steckte ihm die Flasche in den Mund, woraufhin Jule sogleich zu saugen begann.

In der jäh entstandenen Stille vernahmen die Anwältin und der Lehrer ein gedämpftes Gepolter von draußen, und Barbara meinte: »Das ist die Bahnlinie nach Hannover. Abends und nachts fahren da etliche Güterzüge. Die ICEs und die anderen Züge am Tag, die höre ich schon gar nicht mehr.«

Die Studentin hatte kaum ausgesprochen, da ertönte ein grässliches Quietschen und Kreischen. »Meine Güte«, sagte Patricia, »was ist das denn?«

»Hört sich an wie eine Vollbremsung«, meinte Michael Wiemer und ging zum Küchenfenster hinüber. Er sah jedoch nicht das Geringste in der Dunkelheit draußen. Das Quietschen dauerte noch eine kleine Weile an und hörte dann so abrupt auf, wie es begonnen hatte.

»Na ja«, sagte Patricia und stand ebenfalls auf. »Ich glaube, dann sollten wir mal losfahren. Vielen Dank für Ihre Hilfe!«, sagte sie zu Barbara. Dann streichelte sie kurz Jule über die Wange, die eifrig an ihrer Flasche nuckelte und sich von dem ganzen Lärm draußen überhaupt nicht hatte stören lassen. Die Studentin hob nur kurz den Kopf und meinte: »Sie finden allein nach draußen, ja?«

Die Anwältin nickte und sagte dann zu Michael, der noch immer am Fenster stand: »Kommst du?«

Der Lehrer riss sich vom Fenster los, verabschiedete sich ebenfalls und ging dann mit Patricia nach draußen.

Als sie zurückfuhren, bemerkenswert zivil, sagte Patricia irgendwann: »Michael, kannst du heute Nacht nicht einfach bei mir bleiben?«

Und ohne weiter nachzudenken erwiderte er: »Ja.«

Genau in diesem Moment vernahm er das laute Tatütata eines Krankenwagens und sah gleich darauf das Blaulicht durch die Nacht blitzen. Ein Rettungswagen und ein Feuerwehrfahrzeug kamen ihnen entgegen, gefolgt von zwei Polizeiwagen. Michael sah im Rückspiegel die Wagen kurz darauf abbiegen, zur Bahnlinie hin.

»Da ist irgendwas passiert«, meinte er zu Patricia.

Die gab keine Antwort, und so verlief die Rückfahrt zu ihrer Wohnung schweigend.

Patricia zog sich in der Dusche um, während Michael lediglich Hose, Hemd und Strümpfe abstreifte. Er glaubte zu wissen, wie die Einladung gemeint war, und nur ganz kurz schoss ihm der Gedanke durch den Kopf, dass sich Bernadette nun wohl endgültig bestätigt fühlen musste. Als die Anwältin zurückkehrte, trug sie ein bis zu den Knöcheln reichendes rot und weiß gestreiftes Ringelnachthemd. Sie schlug die Decke des Betts zurück und meinte: »Komm!« Dann legte sie sich hin, und Michael Wiemer legte sich neben sie, wobei das Bett unheilvoll knarrte. Patricia drückte sich an ihn, und er legte wie beschützend den Arm um sie.

»Scheiße, Scheiße, Scheiße«, sagte Patricia in seine Halsgrube hinein. »Und ich habe sie sogar noch zu dem Ingo geschickt!«

Michael war allerdings mit den Gedanken bei einer anderen Sache. »Woher hat sie das so genau gewusst?«, sagte er.

Patricia fuhr hoch. »Was?«

»Sie hat ganz genau gewusst, was dieser Ingo von Wiese zu Britta gesagt hat, und sie hat sogar gewusst, dass er höhnisch gegrinst hat, nachdem Britta ihm den Rücken zugekehrt hatte.«

»Willst du damit etwa sagen...?«

»Genau«, meinte er. »Genau das will ich sagen. Diese Barbara weiß letztlich mehr, als sie uns gesagt hat. Möglicherweise ist sie doch dabei gewesen.«

»Jetzt komm schon«, sagte Patricia und stützte sich mit dem Ellbogen auf. »Nun geht deine Fantasie mit dir durch! Kann das mit dem höhnischen Grinsen nicht auch bloß eine Ausschmückung gewesen sein? Du hast doch gemerkt, dass sie den Ingo gefressen hat! Außerdem hat ihr Britta das ja erzählt.«

»Mag sein«, erwiderte der Lehrer. »Aber ich weiß nicht so recht...«

»Oder willst du etwa andeuten, dass diese Studentin was mit dem Mord zu tun haben könnte?«

Wenn Patricia erwartet hatte, dass er sogleich heftig widersprechen würde, so sah sie sich getäuscht. Er wiegte lediglich den Kopf.

»Jetzt hör aber auf!«, sagte sie.

»Nö, tu ich nicht. Ich spiele einfach alle Möglichkeiten durch. Stell dir mal vor, du magst jemand sehr gern, richtig gern. Und du siehst, wie der oder die Betreffende von jemandem systematisch fertiggemacht wird, ohne dass sich derjenige dagegen wehrt oder wehren kann. Du siehst, wie der Betreffende regelrecht zu Grunde gerichtet wird. Und du hast den Eindruck, dass der Betreffende wirklich und wahrhaftig voller Absicht in den Ruin getrieben wird. Was würdest du tun, wenn du auf einmal die Gelegenheit erhieltest, den Peiniger auszuschalten, hm?«

Patricia warf sich auf den Rücken, wobei das schmale Bett erneut unheilvoll knarrte. »Ich weiß es nicht. Ich weiß nur, dass ich den Peiniger, wie du ihn nennst, nicht mit einem Messer erstechen würde.«

Sie gähnte laut. »Und ich weiß nur, dass ich jetzt dringend schlafen muss. Gute Nacht, du!« Und sie richtete sich nochmals kurz auf und gab ihm ein Küsschen auf die Wange. Dann drehte sie sich um, und Michael Wiemer legte sich ebenfalls auf die Seite. Rücken an Rücken lagen sie da, die ganze Nacht über, und erwachten immer wieder, weil das Bett für zwei nun wirklich nicht gedacht war.

13.

Am folgenden Morgen schrillte um sechs Uhr dreißig der Wecker. Der Lehrer öffnete die Augen ein wenig und wusste im ersten Moment nicht so recht, wo er sich befand. Er hatte automatisch nach dem Abschaltknopf getastet, doch der Wecker stand nicht dort, wo er sich eigentlich in seinem Schlafzimmer hätte befinden sollen. Ihn schmerzte der rechte Arm, und es dauerte eine Weile, bis ihm aufging, dass jemand auf diesem Arm lag. Benommen dachte er: *Bernadette hat sich aber verändert...* Dann fuhr er ruckartig hoch. Patricia!

Auch sie sah sich jetzt völlig verschlafen um und schrak bei seinem Anblick hoch. »Du hier?«

Dann jedoch fiel ihr offenbar ein, was am vergangenen Abend vorgefallen war, und sie lächelte schwach. »Danke, Michael, das war sehr lieb von dir. Ich hoffe nur...« Sie sprach nicht weiter, aber der Lehrer wusste auch so, was sie sagen wollte.

Er schüttelte den Kopf. »Weißt du«, meinte er, mittlerweile wieder etwas klarer in Gedanken, »damit habe ich Bernadette doch nur bestätigt, was sie sowieso schon immer gewusst hat. Und was ich immer schon gewusst habe, es mir jedoch nicht eingestehen wollte. Unsere Ehe ist am Ende. Wer weiß«, fügte er aus einem Impuls heraus hinzu, »vielleicht kannst du mich ja bei der Scheidung vertreten?«

Der Anwältin war jedoch nicht nach Scherzen zumute. Sie wälzte sich über Michael hinweg, schwang die Beine aus dem Bett, stellte den noch immer aufdringlich schrillenden Wecker ab und ging auf die Toilette, ohne etwas erwidert zu haben.

Michael spürte selbst, dass seine Bemerkung ein wenig deplatziert gewesen war. Besonders unangenehm war ihm, dass er vor dem Unterricht unbedingt noch einmal in seine Wohnung musste – er hatte ja buchstäblich nichts weiter dabei als die Kleider am Leib. Und es war schon reichlich spät. Patricia hatte natürlich ebenso wenig wie er in am gestrigen Abend daran gedacht, dass er etwas früher aufstehen müsste. Er zog sich rasch an und wäre fast mit der Anwältin zusammengestoßen, die gerade wieder ins Schlafzimmer zurückkehrte. »Ich mach uns rasch einen Kaffee«, murmelte sie, während auch er jetzt auf der Toilette verschwand.

Immer wieder sah er beim Kaffeetrinken auf die Uhr, und schließlich sagte er: »Tut mir leid, Patricia, aber wenn ich mich jetzt nicht schwer beeile, komme ich zu spät in die Schule. Zu allem Überfluss habe ich auch noch Frühaufsicht.« Er gab ihr einen flüchtigen Kuss auf die Wange und verschwand.

Sie hatte noch ein bisschen mehr Zeit, aber Appetit auf ein Frühstück hatte sie nicht. Sie rührte in der Tasse mit dem schwarzen Kaffee umher wie Carola, wenn diese ihren Berg Zucker auflösen wollte. Und hielt es am Ende auch nicht mehr aus. Sie kleidete sich ihrerseits rasch an, die schwarze Hose mit der Jacke und der weißen Bluse darunter – verzichtete ausnahmsweise auf die morgendliche Dusche –, kämmte sich, so gut es gehen wollte, zog den leichten Mantel über und machte sich auf den Weg zu ihrem Büro, das sich etwa fünf Gehminuten entfernt befand.

Sie ging durch die Singener Straße und war mal wieder überrascht von dem Treiben, das schon jetzt, vor Öffnung der Geschäfte, dort herrschte. Das Wetter hatte sich über Nacht abrupt wieder verschlechtert, es tröpfelte leise vor sich hin, und da fiel der Anwältin auf, dass sie ihren Schirm vergessen hatte. Sie vergrub das Kinn im Mantelkragen und ging ein wenig schneller.

Auf den Bänken vor dem *Alten Rathaus* lagen und hockten einige Obdachlose zwischen ihren Tüten und Hunden, und Patricia hielt unwillkürlich Ausschau nach Graubart, überlegte dann jedoch, dass der kaum hier wäre.

Sie hatte am heutigen Vormittag einen Termin beim Amtsgericht und hätte fast aufgelacht – es ging um Hans-Heino Plackat und seinen Tapetenkleister, und sie musste sich noch ein paar Akten vergegenwärtigen.

In der Bäckerei in der Nähe ihres Büros kaufte sie sich zwei belegte Brötchen und aß diese, während sie zum wiederholten Mal eine Seite der Akten las, weil sie deren Inhalt einfach nicht aufgenommen hatte. Immer wieder schweiften ihre Gedanken zum gestrigen Abend zurück, immer wieder sah sie Barbara vor sich, wie sie ihr und Michael von Britta erzählte. Und sie sah immer wieder die winzige Jule vor sich, die an ihrer Flasche nuckelte. Was würde aus ihr werden?

Und ihr fiel jäh wieder Michaels Bemerkung ein, dass diese Barbara möglicherweise mehr wusste, als sie erzählt hatte. Möglicherweise sogar etwas mit dem Mord zu tun hatte... Nein. Sie schüttelte energisch den Kopf. Da täuschte er sich nun wirklich. Sie war mit einer Freundin im *TOP* gewesen, und das ließe sich gegebenenfalls nachweisen.

Die Kirchturmuhr von St. Michael schlug acht Uhr, und Patricia musste sich einen gewaltigen inneren Ruck geben, um sich auf die vor ihr liegende Verhandlung konzentrieren zu können. Sie seufzte. Es würde, das konnte sie schon jetzt abschätzen – und sie hatte es Hans-Heino bereits gesagt – auf einen ziemlich müden Vergleich hinauslaufen. Jeder der beiden Kontrahenten müsste die Hälfte des angeblichen Schadens sowie die jeweiligen Anwaltskosten tragen. Sie wurde das Gefühl nicht los – und auch darin hatte sie sich so selten getäuscht, dass es ihr inzwischen gleichgültig war –, dass da eigentlich ganz andere Dinge ausgefochten wurden. Der eine fühlte sich vom anderen beleidigt, übers Ohr gehauen, hintergangen oder was auch sonst immer. Sie ging sogar davon aus, dass der gegnerische Anwalt, den sie ziemlich gut kannte – ein alter Kollege aus Studientagen, der sich allerdings rascher einen Namen gemacht hatte und daher auch schon erheblich mehr verdiente –, nicht einmal selbst käme, sondern einen Referendar oder eine Referendarin schickte. Sie überlegte kurz, entschloss sich dann jedoch, diesen Umstand nicht gar zu sehr auszunutzen und es bei einem Halbe-Halbe-Vergleich zu belassen. Vielleicht mit ein paar Mark Vorteil für ihren Mandanten, um sicher zu gehen und diesem das Gefühl zu verleihen, letztlich doch recht behalten zu haben.

Die Verhandlung verlief dann tatsächlich so, wie sie es sich gedacht hatte. Ihre Prozessgegnerin – tatsächlich eine völlig unerfahrene Referendarin – hatte jedoch unerwartet alle Hände voll zu tun, ihren Zeugen, einen für sein Alter *sehr* alten Mann, daran zu hindern, mehr als nötig dummes Zeug zu reden, das nicht zur Sache gehörte und ihn nur lächerlich machen würde. Patricia erreichte genau das, was sie sich vorgenommen hatte. *Ich habe funktioniert*, dachte sie. *Funktioniert wie gewöhnlich.* Auch wenn ihr Mandant ziemlich sauer war und grollend seine Akten wieder einpackte, die er malerisch vor sich auf dem Tisch verteilt hatte – alles Beweise für die Niederträchtigkeit seines Gegners. Der Richter hatte sich jedoch davon ziemlich unbeeindruckt gezeigt. Vor Gericht war jeder Mandant gleich, und niemand war gleicher als der andere. *Carola hat schon recht gehabt*, dachte Patricia. *Man muss funktionieren, anders geht es einfach nicht, wenn man etwas erreichen will. Kühlen Kopf bewahren.* Immerhin hatte sie heute schon einmal ziemlich locker mit dem zuständigen Richter geplaudert, während sie auf einen verspäteten Zeugen der Gegenseite gewartet hatten.

Hans-Heino Plackat hatte ihr hinterher allerdings noch endlos Vorwürfe gemacht, warum sie dieses und jenes nicht gesagt hätte. Er hätte das doch ganz genau aufgeschrieben, und er verstünde auch nicht, weshalb sie darauf nicht weiter eingegangen sei. Nur so habe es sich zugetragen, das habe Walter doch bestätigen können, und weshalb sie Walter nicht vorgeladen habe.

Sie wusste jetzt nicht mehr, wie sie ihn abgeschüttelt hatte. Sie hoffte nur, er, beziehungsweise seine Rechtsschutzversicherung, würde rasch die Rechnung begleichen.

Es war genau elf Uhr, die Glocke von St. Michael schlug wieder, als sie ihr Büro betrat. Sie hörte ihr Telefon klingeln und eilte hin, zögerte jedoch einen Moment lang, den Hörer aufzunehmen. »Garden, Rechtsanwältin?«

»Mein Gott, endlich erwische ich Sie!«

Es war Graubart. Sie richtete sich kerzengerade auf. »Ja?«

»Frau Garden, um Himmels willen! Bei uns hat die Polizei angerufen, wegen Britta!« Graubart war hörbar außer sich.

»Ja?« Sie war einfach nicht imstande, mehr zu sagen. Sie wollte nicht darüber nachdenken, was Graubart ihr jetzt gleich vielleicht sagen würde.

»Sie hat...« Graubart zögerte einen Augenblick. Dann sagte er, ganz genau jedes einzelne Wort aussprechend: »Sie... hat... sich... gestern... Abend... vor... einen Zug geworfen.«

»Was?« Sie dachte: *Also doch! Also hat sie ihn doch... und das hat sie nicht verkraftet...* von irgendwoher vernahm sie eine Stimme, und es dauerte eine Weile, bis sie bemerkte, dass die Stimme aus dem Hörer des Telefons kam und immer dieselben Worte rief: »Frau Garden! Frau Garden!«

»Ich... ich bin wieder dran, entschuldigen Sie bitte«, sagte sie.

»Es... es tut mir leid, aber... die anderen hier wissen noch gar nichts. Sie, ich meine, die Polizei, sie haben ihr Adressbuch gefunden und darin die Telefonnummer ihrer WG, und sie haben vorhin hier angerufen, ich meine, so vor einer Stunde etwa, und ich habe gesagt, ich wäre ihr Verlobter...« Graubart versagte die Stimme.

Eine Weile lang hörte jeder von ihnen beiden nur das Rauschen im Hörer, dann sagte die Anwältin: »Graubart, ich...« Sie musste kurz schlucken. »Bitte, kommen Sie so rasch wie möglich zu mir. Nehmen Sie sich ein Taxi, ich bezahl's Ihnen. Ja, die Anschrift steht auf meiner Karte... ja, ja, genau da. Und, bitte, rufen Sie Michael an, Michael Wiemer.« Sie gab ihm Michaels Nummer, ohne zunächst daran zu denken, dass er ja gar nicht zu Hause sein *konnte*, dass vermutlich Bernadette den Anruf entgegennähme, dass Bernadette... »Hören Sie«, sagte sie, »sagen Sie, wenn Sie eine Frauenstimme hören, um Gottes willen nicht, dass er zu mir kommen soll. Geben Sie einfach die Adresse durch, sagen Sie, es habe die Mutter eines Schülers angerufen... oder was weiß ich, wie man einen Lehrer aus seiner Schule herauslotst! Graubart, trotz allem – danke, danke sehr!« Sie legte auf.

Um halb zwölf – Patricia hatte sich in ihrer Verzweiflung nochmals die Akte Britta Sanders herausgesucht und sah sie durch – tauchte tatsächlich Graubart auf, ein Häufchen Elend. Hinter ihm ein Mann, der Taxifahrer, der von Patricia das Fahrgeld entgegennahm, beiden einen merkwürdigen Blick zuwarf und dann wortlos verschwand. Graubart hatte bereits wieder den Rucksack auf und trug die Gitarre bei sich.

Kurz darauf kam Michael, ebenfalls völlig aufgelöst. Seine Frau hatte ihn in der Schule angerufen, dass etwas mit einer seiner Schülerinnen geschehen sei. Zufällig fehlte tatsächlich eine seiner Schülerinnen seit ein paar Tagen, ohne dass jemand wusste, was los war. Er war dann auch gleich losgefahren, obgleich er seinerseits genau wusste, wer sich hinter der angegebenen Adresse verbarg. Er nahm sich einen Stuhl und ließ sich neben Patricia hinter dem Schreibtisch nieder.

»Ja, also«, begann Graubart, »die Polizei hat heute früh in der WG angerufen und gesagt, dass Britta sich vergangene Nacht vor einen Zug geworfen hat. Sie hat die Adresse von Brittas Angehörigen wissen wollen. Offenbar haben die nicht im Adressbuch gestanden.«

Michael Wiemer wechselte einen Blick mit Patricia. Die Anwältin war leichenblass, und er selbst sah vermutlich auch nicht besser aus, dachte er.

Niemand hätte hinterher sagen können, wie lange die drei schweigend dagesessen hatten. Sie sahen nicht den Regen gegen die Fensterscheiben prasseln, sie hörten nicht die Glocke der Kirchturmuhr schlagen. Sie kamen erst wieder zu sich, als Graubart plötzlich den Parka öffnete und etwas aus der Brusttasche seines zerschlissenen Hemds herauszog. Er schob ihnen ein Foto über den Tisch zu.

»So sieht... sah sie also aus«, sagte Michael nach einer Weile. Und er sah noch etwas anderes auf diesem Foto: Jule. Die kleine Jule, die jetzt da draußen bei Barbara war und nicht wusste, dass ihre Mutter nicht mehr lebte. Er verspürte ein mehr als flaues Gefühl im Magen.

»Ich... ich hatte es eigentlich mitnehmen wollen«, sagte Graubart. »Weiß auch nicht, warum. Sie hat mir eben irgendwie gefallen. Und unterwegs tut es manchmal gut, wenn man sich jemanden ansehen kann, an den man sich gern erinnert.« Sowohl Patricia als auch Michael nickten. »Aber jetzt – ich möchte es nicht mitnehmen. Geben Sie's bitte den Leuten in der WG zurück. Sagen Sie, ich hätte es versehentlich eingesteckt. Die Erinnerung wird eh schmerzlich genug sein.«

Er stand auf, knöpfte sich wieder den Parka zu und ergriff die Gitarre, die er neben den unbequemen Holzstuhl gestellt hatte. »Auf Wiedersehen«, sagte er und reichte beiden die Hand. Beide nahmen sie, drückten sie kräftig, und dann war Graubart verschwunden.

Und genau in diesem Augenblick klingelte das Telefon.

Automatisch griff Patricia danach, hob ab, meldete sich mit ihrem üblichen: »Garden, Rechtsanwältin?« Sie hörte eine Weile zu, nahm dann ihren Terminkalender und sagte: »Wenn Sie wollen und wenn es wirklich so dringend ist, können Sie heute Nachmittag um drei kommen.« Der Mensch am anderen Ende der Leitung war offenbar zufrieden, und Patricia sagte: »Gut, dann trage ich Sie ein. Wie war doch gleich Ihr Name?« Sie hielt inne und sagte schließlich: »In Ordnung, Herr Franz, bis nachher.«

Nachdem sie aufgelegt hatte, sagte sie zu Michael, der noch immer reglos neben ihr saß: »Eine Mietsache. Allmählich spricht sich offenbar herum, dass ich da ganz gut bin.« Sie lachte freudlos. »Ich glaube, eine Strafsache hätte ich im Augenblick nicht angenommen.«

Er nickte. Sagte allerdings nichts. Patricia war ein wenig ärgerlich. Er hätte etwas sagen sollen, hätte ihr sagen sollen, dass es nicht ihre Schuld war, was geschehen war. Andererseits verstand sie ihn auch wieder. War sie doch selbst kaum in der Lage, über das, was geschehen war, nachzudenken. Und es war geradezu eine Erlösung für sie, als das Telefon nochmals klingelte und wieder jemand wegen einer Mietsache nachfragte. Und noch dazu auch einen Termin haben wollte. Sie funktionierte, ja, wirklich, sie funktionierte. Das war wichtig, nichts sonst.

14.

Zwei Tage später erhielt Patricia einen Anruf von einer aufgeregten Christine. »Sag mal, *Pätrischa,* hast du heute schon in die Zeitung geguckt?«

Nein, hatte die Anwältin noch nicht, weil sie auf einmal so viel anderes zu tun gehabt hatte. Vielleicht, das war ihr selber klar gewesen, hatte sie sich mit der Arbeit auch zu betäuben versucht. Sie wollte nicht an ihre Mandantin denken, die sich vor den Zug geworfen hatte, an die Konsequenzen, die das hatte. Daran, was nun aus der armen kleinen Jule werden würde. Sie hatte sich ein Mal mit Michael getroffen, der sich ebenfalls krampfhaft bemühte, das Gespräch nicht auf die Studentin zu lenken, obwohl beide das Gefühl hatten, sie wäre stets präsent. Patricia konzentrierte sich auf ihre Freundin. »Nein, was steht denn drin?«

»Du wirst es nicht für möglich halten, aber die haben die Meurer'sche festgenommen.«

Jetzt war die Anwältin hellwach. »Wie bitte?«

»Ja, gestern Nachmittag. Da kamen ein paar Leute vorbei, und die haben die Meurer'sche mitgenommen. Und heute steht in der Zeitung, dass sie unter dringendem Tatverdacht steht. Wegen des Mordes am Therapeuten Ingo von W. Offenbar hat man an der Tatwaffe Fingerabdrücke gefunden, die zu ihren passen.«

»Also...« Patricia wusste nicht recht, was sie dazu sagen sollte. Sie war hin- und hergerissen zwischen einem Gefühl der Erleichterung und einem der unendlichen Trauer. Erleichterung darüber, dass Britta Sanders offenbar keinen Mord – oder, wahrscheinlicher, Totschlag – begangen hatte, und Trauer darüber, dass sie sich dennoch vor den Zug geworfen hatte. Sie hörte nur mit halbem Ohr zu, was Christine weiter zu sagen hatte. »Mensch, ich hätte der zwar einiges zugetraut, aber so etwas nun doch nicht. Was meinst du, war das wirklich Mord? Oder eher so etwas im Affekt, oder wie das heißt?«

»Das wird der Richter entscheiden«, sagte die Anwältin etwas abwesend. »Auf jeden Fall danke für deinen Anruf.« Sie legte auf, und es war ihr gleichgültig, was ihre Freundin davon halten würde, so kurz abserviert worden zu sein. Sie musste auf jeden Fall so bald wie möglich mit Michael sprechen, das stand fest. Sie warf einen Blick auf die Uhr. In zwei Stunden wäre sein Unterricht zu Ende, und sie beschloss, da ihr Auto inzwischen wieder funktionierte, zu seiner Schule hinauszufahren und ihn direkt abzufangen. *Ja*, überlegte sie, *das ist ein gutes Vorhaben.* Und dann würden sie sehen, wie sie mit dieser Nachricht umgehen würden. Ihr war klar, dass sie aus der Sache noch nicht raus war. Die Polizei würde mit Sicherheit auf sie zukommen, und sie, sie selbst und der Lehrer, würden sich ebenfalls einigen Fragen stellen müssen. Aber das wäre vielleicht sogar gut, um für sich selbst zu klären, was da wirklich geschehen war.

So absolvierten sie eine Woche, nachdem die ganze Sache begonnen hatte, wieder einmal ihre Runde um die Stadt. Der falsche Frühling war inzwischen einem ebenso falschen Spätwinter mit Temperaturen etwas oberhalb des Gefrierpunkts und leichtem Nieselregen gewichen, was so in etwa der Stimmung der Anwältin und der des Lehrers entsprach. So viel hatten sie inzwischen erfahren, dass Renate Meurer tatsächlich vor einer Woche fast gleichzeitig mit Britta Sanders bei Ingo von Wiese gewesen war und es eine heftige Auseinandersetzung gegeben hatte. Worum es bei dieser Auseinandersetzung gegangen war, blieb jedoch zumindest hinsichtlich des Therapeuten und der Studentin im Unklaren. Die verhaftete Patientin hatte lediglich ausgesagt, dass der Streit sehr lautstark geführt worden war und dass das Messer, die Tatwaffe, der Studentin wohl aus der Tasche gefallen war. Die Polizei wusste inzwischen, dass Britta Sanders dieses Messer immer bei sich geführt hatte. Allerdings waren an deutlichen Fingerabdrücken nur die von Renate Meurer zu finden gewesen, von Britta nur wenige sehr schwache, und Renate Meurer behauptete ihrerseits, sich an gar nichts mehr erinnern zu können. Sie sei lediglich zu dem Therapeuten gegangen, um die Beziehung zwischen ihnen beiden zu klären. »Er hat mich wirklich geliebt«, betonte sie immer wieder, »und konnte nur nicht dazu stehen, weil das zwischen einem Therapeuten und einer Patientin nicht sein durfte.«

»Was im Übrigen auch stimmt«, sagte Michael Wiemer, nachdem ihm Patricia das alles auseinandergesetzt hatte. »Allerdings erklärt das nicht, weswegen Britta dort war.« Sie hatten inzwischen fast wieder den Ausgangspunkt ihres Gangs erreicht, den Parkplatz, auf dem Michaels Wagen stand. Er zog seinen Arm aus dem der Anwältin heraus und wandte sich ihr zu. »Oder hast du auch da etwas Neues erfahren?«

Patricia zögerte einen Moment, bevor sie erwiderte: »Nun ja, denk dran, was uns ihre Freundin, diese Barbara, erzählt hat. Zudem habe ich noch mal mit Carola telefoniert, und die hatte eine ganz interessante Theorie, die sich sogar mit Barbaras Worten deckt. Allerdings wurde Carola nicht müde zu betonen, dass es nur eine Theorie sei. Du weißt ja inzwischen auch, wie sie so ist. Sie meinte, dass Britta Sanders die therapeutische Beziehung wohl missverstanden habe. Sie müsse, so Carola, in dem Therapeuten eine Art *bester Freund* gesehen haben, der jederzeit für sie sei und ihr helfen würde. Vielleicht hat ihr Ingo auch so etwas suggeriert, das ließe sich nicht ausschließen. Auf jeden Fall hat sie gedacht, sie könne jederzeit zu ihm kommen, und er würde ihr bei der Lösung ihrer Probleme helfen oder sie zumindest in seine starken Arme nehmen und trösten. Dass dem nicht so war, habe er ihr wohl sehr unmissverständlich zu verstehen gegeben. Allerdings wäre Britta wohl nie imstande gewesen, ihn mit ihrem Messer anzugreifen, das konnte sich Carola einfach nicht vorstellen. Dass sie sich stattdessen vor einen Zug geworfen hat, das hielt sie eher für passend. Ja, so hat sie sich ausgedrückt. Passend. Aber ein Mord? Oder einen Totschlag? Der blieb dann der doch leicht durchgeknallten Renate Meurer vorbehalten.« Patricia hielt inne. »Ach, weißt du, Michael, das ist alles so ein Durcheinander, und ich werde die ganze Zeit über das Gefühl nicht los, dass ich es hätte verhindern können.«

Der Lehrer schüttelte den Kopf und nahm sie in die Arme. »Patricia, du weißt doch genau, dass das nicht stimmt. Du hast ja nicht mal etwas davon gewusst. Wie hättest du es verhindern können? Du hast sowieso schon viel mehr getan, als du eigentlich hättest tun müssen. Als Anwältin. In einer so, seien wir ehrlich, popeligen Sache. Jetzt komm schon.« Und er drückte sie fest an sich, und sie ließ es zu.

Erst nach einer Weile lösten sie sich voneinander. Der Lehrer sah ihr ins Gesicht und sagte: »Na gut, du, ich muss wohl mal wieder los. Wir sehen uns morgen, ja? Im *TOP*, wie üblich?«

Patricia nickte. »Okay. Bis morgen. Im *TOP*. Wie üblich.«

ENDE

Besuchen Sie unsere Verlags-Homepage:
www.der-romankiosk.de

Der Romankiosk – Spannung und Unterhaltung pur!

ISBN 978-3-7549-0699-6

9 783754 906996

00001

www.epubli.com